청소년을 위한 세상읽기 프로젝트 Why Not? 3

죽음, 왜 쉬쉬하지?

죽음을 알아야 삶이 보인다

실비 보시에 지음
베로니크 데스 그림
고아침 옮김

개마고원

청소년을 위한 세상읽기 프로젝트 _ Why Not? ③

죽음, 왜 쉬쉬하지?

2009년 11월 13일 초판 1쇄
2012년 11월 10일 초판 2쇄

지은이 | 실비 보시에
그린이 | 베로니크 데스
옮긴이 | 고아침

디자인 | 모리스
편　집 | 문해순, 박대우
관　리 | 이영하

제　작 | 상지사

펴낸이 | 장의덕
펴낸곳 | 도서출판 개마고원
등　록 | 1989년 9월 4일 제2-877호
주　소 | 서울시 마포구 공덕1동 105-225 (2층)
전　화 | 02-326-1012, 1015
팩　스 | 02-326-0232
이메일 | webmaster@kaema.co.kr

ISBN 978-89-5769-110-6 43190
한국어판 ⓒ 개마고원, 2009. Printed in Seoul, Korea

• 파본은 구입하신 서점에서 교환해 드립니다.

국립중앙도서관 출판시도서목록(CIP)

죽음, 왜 쉬쉬하지? / 실비 보시에 지음 ; 베로니크 데스 그림 ;
고아침 옮김. -- 서울 : 개마고원, 2009
　　p. ;　cm　-- (청소년을 위한 세상읽기 프로젝트 why not?;3)

원표제: La Mort, pourquoi on n'en parle pas?
원저자명: Sylvie Allemand-Baussier, Veronique Deiss
프랑스어 원작을 한국어로 번역
ISBN 978-89-5769-110-6 43190 : ₩10000

사망[死亡]
182.3-KDC4　　　　　　　　　　CIP2009003521

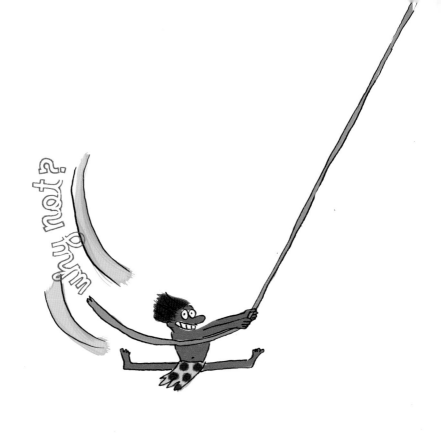

차례

문제가 되는 죽음

인생사용법

벼랑 끝에서

우리는 사실 자신이 언젠가는
죽을 운명이라는 걸 평소에 잘 느끼지 못합니다.
그렇다고 해서 죽음이 존재하지 않는 것은 아니지요,
여러분도 알다시피.

누군가의 죽음 때문에 무척 괴로울 때도 있고, 울적해진 나머지 우리 자신의 죽음에 대해 생각하게 될 때도 있습니다. 여러분도 어쩌면 죽음이 무엇인지 알고 싶어서 이 책을 펼쳤는지도 모르겠군요. 하지만 사실 누구도 죽음에 대해선 아는 게 없답니다. 의사들은 어떤 신체적 증상이 나타났을 때 생명이 끝났다고 규정지을 수 있는지 알기야 하겠지만, 그 '이후'에는 과연 무슨 일이 벌어지는 걸까요? 죽음으로부터는 되돌아올 수가 없기 때문에 그 이후를 보고 온 사람 또한 없지요. '뇌사' 상태의 경험을 이야기하는 사람들도 있고, 심령술로 죽은 이를 불러내는 사람들도 있지만, 그렇다고 그들이 돌아오는 것은 아니죠.

어렸을 적, 죽은 친척에 대해 물으면 부모님이 "하늘나라로 가셨단다"라거나 "아주 멀리 떠나셨어" "잠드신 거란다" 같은 식으로 대답해 주셨는지도 모르겠네요. 그러면 또 여러분은 어떻게 하늘나라에 있으면서 동시에 관 안에도 누워 있을 수 있는지, 그 친척이 언제 여행에서 돌아오실지, 여러분이 밤에 잠드는 게 위험한 일인지 등에 대해 궁금해 했겠지요. 어른들은 난처해서 혹은 신앙 때문에 반쯤은 거짓말 같고 반쯤은 겁주려는 것 같은 말을 해주곤 합니다. 우리가 사는 사회는 참 이상하지요? 각종 미디어에서는 온갖 죽음 이야기가 늘상

쏟아지는데, 그와 동시에 일상생활에서는 죽음이 꽁꽁 숨겨져 있으니 말예요. 그 때문에 더욱 우리는 사랑하는 이들의 죽음과 그들이 떠날 때 우리가 느끼는 고통에 대비하기가 어렵습니다. 그렇다면 그런 상황이 닥쳐서 갈팡질팡하게 되기만을 기다리고 있어야 하는 걸까요?

여러분 자신의 죽음은 어떤가요? 다행히도 대개 그런 생각들은 잘 안 합니다. 하지만 가끔씩은 엉뚱한 생각에 빠지거나 별난 짓을 할 때가 생기지요. 그러고는 불행해서, 아니면 그냥 자기 존재를 확인해 보려고 막가는 행동을 해보기도 하죠……. 죽음에 대해 우리가 어떤 방식으로 대처하건 간에 한 가지 확실한 것은, 그것이 삶이라는 과정의 자연스러운 일부분이라는 거예요. 물론 오랫동안 행복을 누린 뒤에 죽음이

찾아오는 편이 더 좋겠지요! 하지만 그렇다고 해서 죽음이 금
기시되는 주제여서는 안 됩니다. 죽음은 우리 일생의 일부, 여
러분 일생의 일부니까요. 죽음의 존재를 받아들이는 것이야
말로 삶을 더 잘 살아가는 길이기도 합니다.

죽음을 부정할
숱한 이유들

귀에 한가득

상상해 보세요. 여러분은 다섯 시에, 마구 뒤얽힌 평행선들과 헷갈리는 문법 규칙들을 머릿속에 가득 채운 채 학교에서 돌아옵니다. 와서는 자물통에다 열쇠를 넣고 돌리지요. 엄마나 형 또는 오빠가 켜놓은 라디오에서는 뉴스가 흘러나오고 있겠지요. 축구 결승전 결과에 이어 로켓 발사 소식 다음에는 아프리카에서 1만여 명의 희생자를 낸 민간인 학살 얘기네요. 아나운서는 계속해서 화제를 바꿉니다. 이제는 엄숙하고 프로다운 목소리로 여러분이 좋아하던 미셸 세로, 〈버터플라이〉를 비롯한 여러 영화에 출연했던 그 배우의 사망 소식을 오늘 하루 동안만도 벌써 스무 번째 전하고 있어요. 다음으로 아홉 명의 사상자가 발생한 교통사고를 거쳐, 행운의 로또 당첨자와 내일의 날씨에 다다르지요.

정말 매일 이런 순서로 뉴스를 듣다 보면, 뭐니뭐니 해도 축구가 가장 중요하다고 생각할 수도 있겠어요.

눈에도 한가득

저녁, 텔레비전에서는 또 똑같은 얘기네요! 샐러드를 먹고 있노라면 축구 결과에 바로 이어서 이라크에서 벌어진 테러나 폭격의 잔혹한 영상이 튀어나옵니다. 생존자들이 방금 겪은 끔찍한 일에 대해 이야기하

19

고 있군요. 한창 저녁식사를 즐기는 와중에, 남부고속도로에서 새까맣게 타버린 차의 잔해를 보여주는 뉴스가 나오고요. 물론, 제일 끔찍하다고 할 만한 시체와 핏자국 선명한 영상은 대부분 걸러진 채지만. 그 부분은 여러분 같은 시청자들의 막연한 상상에 맡기는 거지요. 하지만 이 모든 게 참 먼 일만 같아 보이죠!

그렇다고 해서 여러분이 이런 뉴스에 무관심하지만은 않아요. 흑아프리카(정치나 민족 갈등 때문에 분쟁이 많이 발생하는, 사하라 이남의 아프리카 중부지역을 가리킨다. -옮긴이)나 이라크에서 벌어지는 잔인한 일들에 화가 나서, 친구들과 모였을 때 이 끔찍한 세상을 확 바꿔버려야지 하는 이야기도 나누니까요. 도대체 무슨 배짱으로 어른들은, 사람들이 전쟁을 하게 내버려두고서는 고작 생존자들에게 먹을 거나 갖다주면서 만족할 수 있는 걸까요? 하지만 매일매일 각종 사고와 인간이 다른 인간에게 저지르는 잔혹한 범죄 장면을 반복해서 보고 있노라면 자신도 모르는 사이 '익숙함'이라는 껍데기에 둘러싸이고 맙니다. 죽음은 텔레비전 화면이나 신문 지면에서만 존재하는 하나의 이미지에 불과하게 되는 거지요. 게다가 워낙 먼 일로만 느껴지니, 당장의 관심사에 밀려 금세 잊히기

일쑤지요. '내일 국어 수업이 2교시던가, 5교시던가?' '학교에서 나올 때, 상드린 그 녀석이 왜 내 인사를 안 받아줬지? 화난 건가?'…….

종종, 지구가 폭발해버렸으면 하고 바란다.

왜인지는 모르지만. 그냥. 전쟁과, 범죄와, 짓밟힌 꽃과,

죽은 새와, 다친 아이가 너무도 많다. 세상은 잘못 돼먹었다.

살고, 죽고, 인생 솔직히 별로다.

― 미리암

남들한테만 생기는 일

텔레비전이 하도 죽음의 이미지를 여러분에게 퍼부어대는 통에 넌더리가 날 지경이라지만, 사실 여러분이 정말로 죽음의 존재를 가깝게 여기지는 않습니다. 어른들도 마찬가지고요. 어찌나 머나먼 일인지, 감도 안 잡히지요! 프랑스에서 바그다드까지 비행기로 4시간 남짓이면 갈 수 있지만, 거기서 터진 전쟁이란 마치 화성에서 벌어

진 전쟁만큼이나 멀게 느껴질 뿐입니다. 그런 일은 남들한테
만 생기거든요. 남들한테만 생긴다면, 당연히 여러분한테는
일어나지 않는 일인 거죠. 여러분이나 나 같은 '보통' 사람들
은 죽지 않을 것만 같아요. 다른 할 일이 얼마나 많은데! 아
니, 사실은 우리 모두 죽음을 굉장히 두려워하고 있기 때문

에 그 불가해한 존재를 '텔레비전의 허구'라는 영역 안에 가두어두는 쪽이 맘 편해서죠.

각종 재앙에 희생된 이름 없는 사람들에 더해서 유명인들의 사망 소식도 날마다 들려옵니다. 이 사람들은 이름과 나이와 얼굴이 있어요. 정도의 차이는 있지만, 우리 현실을 구성하는 일부분이었죠. 예를 들어 2007년에는 그레고리가 죽었어요. 그는 2004년 〈스타 아카데미〉(참가자들이 함께 생활하며 매주 심사위원 앞에서 부를 노래를 준비하는 경쟁 구도의 리얼리티 쇼 -옮긴이)에서 우승하고 앨범을 한 장 낸 뒤, 태어날 때부터 지니고 있던 유전병인 낭포성 섬유증으로 쓰러져 스물세 살의 나이에 세상을 떴습니다. 그의 죽음은 조금 마음 아팠을 수도 있어요. 수십 번이나 얼굴을 보고 노래를 들었는데, 갑자기 사라져버렸으니 말이에요. 마치 여러분이 매일 보던 집 앞 풍경이 문득 바뀌어버린 것 같지요.

한편 몇 년 전에 밴드 '너바나'의 보컬을 맡고 있던 커트 코베인이 비극적으로 죽은 사건은 수많은 젊은이들을 뒤흔들어 놓았어요. 자신들의 우상을 추종하던 일부 청소년들이 엽총으로 **자살**했을 정도니까요. 이렇게 죽음의 이미지는 실제 삶으로 무단침입을 하듯이 들어와서 상당한 피해를 줄 수도

있답니다.

우리는
쉼 없이 진보한다

꼭 죽음에 대한 소식만 들려오는 건 아니에요. 언론 매체에서 생명을 위한 투쟁도 보도해주지요. 생명공학 내지 의학 분야의 암, 에이즈, 낭포성 섬유증 같은 유전병 등과 관련된 연구의 점진적 발전에 대해 뉴스나 다큐멘터리를 통해 종종 듣곤 할 겁니다. 매년 자선 캠페인 프로그램에서는 연구의 빠른 진전을 위해 기부를 독려하지요. 이 시간과의 싸움은 말하자면 죽음과의 경주입니다. 더 일찍 치료법을 찾아낼수록 더 많은 생명을 구한다는 거지요. 요컨대 연구자들은 여러분에게 길고 건강한 삶을 선사하고자 꾸준히 분투하고 있습니다.

어제오늘 일이 아니에요! 20세기 초까지만 해도 수많은 사람들이 유행성 독감으로도 쓰러졌지만, 지금 그 정도는 알약 몇 알만 먹으면 대엿새 만에 나을 수 있습니다. 또 1925년 당시 15세에서 24세 사이 젊은이들의 가장 주요한 사망원인이 전염성 호흡기질환, 그중에서도 결핵이었다는 걸 생각해 보세요. 결핵 등의 병이 남자사망자 중 65%와 여자사망자 중 75% 이상의 사망원인이었던 반면, 1988년에는 그 비율이 각각 3.4%와 5%였습니다. 오늘날에는 확실히 찻길을 건너는 일이 바이러스나 세균에 감염되는 것보다 훨씬 더 위험해요!

금기

앞에서 말했다시피 의학은 눈부시게 발전하고 있습니다. 하지만 아직 영생의 비밀을 찾아내진 못했지요! 그래서인지 죽음은 일종의 실패로 간주됩니다. 우리 사회는 일상생활에서 죽음이 감춰지도록 설계돼 있어요. 죽음이 갑작스레 닥치든 자연스레 찾아오든 그것을 다루는 건 전문가들 몫입니다, 소방관·경찰관에서 병원이나 양로원의 직원들에 이르기까지. 가족이 원할 경우에는 상조업체가 장례 전반을 책임지지요. 마지막 작별인사 때 내보일 수 있도록 하기 위해 시신을 보존하고, 관을 고르고, 묘지까지 영구차로 이동하는 일 등을 맡게 됩니다. 종교의식을 따르지 않는 장례의 경우에는 상조회사에서 진행자 역할을 맡아 장지(葬地)에서 참석자들에게 묵념을 권하고, 관에 흙을 조금씩 덮으라고 챙겨주기까지 하지요.

이 모든 일은 하나의 결과로 모아집니다. 산 사람들이 죽음과 거기서 생기는 '고역'으로부터 '보호'받는 것이죠. 우연히 사망사고를 목격하거나 하는 경우가 아니라면, 숨이 붙어 있

지 않은 신체는 어디에서도 볼 수가 없습니다. 장례식에서 장지로 고인을 모시기 직전 관을 닫는 순간에 함께하지 않는 이상은 말이죠. 그렇다면 우리는 무엇으로부터 이토록 몸을 사리는 걸까요? 물론 위생 상태는 좋아졌고, 모든 것을 전문가들이 계획한다는 점에서 편리해진 점도 있지요. 하지만 확실히 이런 방식은 삶의 마지막 순간과의 친밀감이라는 귀중한 자산을 앗아가고, 죽음을 금기시 하는 결과를 낳습니다. 죽음이 낯설게 여겨지지 않는 경우란 거의가 과격한 폭력과 관련되었을 때뿐이지요. 미국의 청소년들은 프랑스 청소년들보다 죽음을 실제로 본 경우가 훨씬 많은데, 그건 단지 길거리에 폭력이 만연해 있기 때문이에요.

숨기는 말들

이렇게 감춰진 죽음은 원래의 이름으로 부르는 것조차 어렵답니다. 많은 사람들이 '할머니의 별세(別世)'라고 표현하는 쪽을 선호할 테고, '죽은 사람'보다는 '망자'나 '고인'이라고 말하는 게 더 일반적이지요. 로

없애버렸습니다!

마인들은 심지어 "그는 죽었다"는 말을 피하기 위해서 "그는 살았었다"라고 표현했어요! 이와 같은 언어의 숨바꼭질은 위선적인 것일는지도 모릅니다. 이를 뭐라 하든 죽음을 숨기는, 누구도 아닌 자기 자신에게 숨기는 하나의 방식이니까요. 그 말을 내뱉지 말자, 그럼 덜 진짜 같을 거야, 뭐 이런 식인 셈이죠.

하지만 여러분 역시 그 말과 마주하기가 힘들지는 않던가요? 노르망디의 한 중학교에 다니는 1학년생 토마는 그런 일을 겪었답니다. 반 친구 중 한 명의 동생이 숨졌다고 담임선생님께 알려드릴 참이었어요. 하지만 알아들을 수 없는 단어 몇 개를 간신히 웅얼거리는 것밖에는 할 수가 없더랍니다. '죽었다'는 말이 차마 입에서 떨어지지 않았던 거지요. 결국 토마는 그 꼬마가 "서거했다"고 설명하고 말았다는군요.

숨 쉬듯 자연스레 죽기

여러분이 18세기에 살았었다면 상황이 좀 달랐을 겁니다. 그 시대에는 사람들이 자기 침

대에서 숨을 거두는 경우가 지금보다 훨씬 흔했거든요. 가족
뿐만 아니라 이웃들과 거의 온 동네, 혹은 마을 사람들 모두
가 곧 운명할 이의 방에 찾아와서 작별인사를 하고, 또 장례
식 전까지 고인 곁에서 밤샘을 하곤 했지요. 침대 주위에는
많은 사람들이 모여 있고, 여러분 또한 거기 있었을 거예요.
당시에는 이 중요한 순간으로부터 아이들을 떼어놓는다는 발
상을 하지 않았습니다. 죽음은 사람살이의 자연스러운 한 과
정이니, 유난을 떨 일이 전혀 아니었기 때문이지요. 그러니
아이들을 보호한다며 멀리 떼어놓을 이유가 전혀 없었던 겁

니다. 도대체 무엇으로부터 보호하겠다고요? 아주 특수한 질병에 걸린 게 아닌 이상 죽음이 옮는 것도 아닌데 말이죠! 세비녜 부인(프랑스 17세기의 대표적인 서간문 작가 -옮긴이)은 이렇게 말하기까지 했답니다. "온전히 기독교적인 평온과 고요 속에서 한 사람이 죽는 것을 보는 일은, 놓치지 말아야 할 기회다." 어쩌면 산 자들은 이런 식으로, 자신의 차례가 됐을 때 실천에 옮길 교훈을 얻으러 왔을 수도 있습니다.

점점 더 늙어가다

좀 전에는 2,3세기 정도를 건너뛰었군요. 이번에는 도움닫기를 충분히 한 뒤 훨씬 더 멀리, 선사시대까지로 이동해 봅시다. 여러분은 우리 먼 조상의 사촌뻘 되는 오스트랄로피테쿠스가 50세 이상 살 수 없었다는 걸 알고 있나요? 그 나이는 당시 생물학적 수명의 한계, 즉 절대로 넘어설 수 없는 연령이었습니다. 여전히 선사시대지만 좀 나중인 190만 년 전에서 15만 년 전 사이에 살았던, 직립 보행을 한다는 데서 이름을 따온 호모 에렉투스는 최대 70세

까지 살 수 있었습니다. 고작 100만~200만 년 사이에 얍! 하고 20년이 늘었네요. 호모 사피엔스 사피엔스, 즉 현생인류는 40년을 더 긁어모아서 110년이라는 생물학적 수명에까지 도달했습니다. 잔 칼망(공식 기록 사상 최장수 인물 -옮긴이)에 대해 틀림없이 들어본 적이 있을 거예요. '인류의 맏언니'라는 별명으로 불리던 이 프랑스 여성은 1997년에 22세, 아니, 미안해요, 122세의 나이로 죽었답니다! 정말이지, 우리는 끊임없이 발전하는군요. 이 할머니가 예외적인 경우이긴 합니다만.

하지만 부유한 나라들의 경제적 조건과 위생 상태가 좋아지면서, 여러분은 여러분의 할아버지 할머니보다 더 오래 살 확률이 훨씬 높다는 건 분명합니다. 여러분이 1898년에 태어났다면 **기대수명**이 여자의 경우 48.7세, 남자의 경우 45.4세밖에 되지 않았을 거예요. 그게 지금 여러분의 부모님 나이일 수도 있는데 말이에요!

**부자들이
더 오래 산다**

2004년 프랑스인의 출생시 기

대수명은 (남녀 구분없이) 처음으로 평균 80세를 넘겼습니다. 그러나 개발도상국의 상황은 안타깝게도 그리 좋지 못해요. 예컨대 앙골라인은 기대수명이 41세랍니다. 이 엄청난 차이는 생활환경의 차이, 영양 결핍, 의료지원에 있어서의 극단적 불평등 등이 높은 **영아사망률**로 이어지기 때문이에요. 부유한 나라에서는 첫돌을 맞이하기 전에 죽는 영아들의 비율은 1000명당 8명꼴인 데 반해, 개발도상국에서는 1000명당 63명이 살아남지를 못합니다.

그러니 여러분에게는 죽음이 정말로 멀게 느껴질 거예요.

여러분 주위의 죽음이 잘 드러나지도 않을뿐더러, 확률적으로도 여러분은 더 오래 살고 아이를 많이 낳을 수 있는 쪽이거든요. 솔직히 누가 여기에 불만이 있겠어요! 어른들도 조금은 여러분처럼, 죽지 않을 것 같다는 느낌을 갖습니다. 몇십 년 전만 해도 예순 살이면 꼬부랑 노인이나 다름없었지만, 요즘은 대개 손주들과 뭐든지 할 수 있을 만큼 건강하시니까요!

착한 놈은 언제나 살아 나온다

그렇지만 여러분은 이처럼 머나먼 죽음에 스칠 듯이 가까이 다가가는 것을 즐기지 않나요? 상상 속에서라도 말이에요. 서로 죽고 죽이는 갱스터들과, 폭발하고 불타오르는 자동차들과, 목숨을 걸고 세상을 구하는 주인공들을 좀 좋아하는 게 아니잖아요? 여러분 중 다수는 살인이 아무렇지도 않게 일어나는 추리소설을 즐겨 읽고, 밥 먹듯 총을 갈겨대는 액션영화를 즐겨 보며, 나쁜 놈들을 없애버려야 하는 게임을 즐겨 하지요. 이들 세계는 폭력이 넘쳐난 나머지, 결과적으로는 비현실적인 그 어떤 것에 지나지 않게 됩니다. 게다가 대개는 이 폭력이 정당화되지요. 주인공(즉, 어찌 보면 바로 여러분)은 정의를 구현하는 존재입니다. 그 과정에서 몇 명인가 죽기야 하겠지만, 중요한 건 주인공이 결국 빠져나와 임무를 성공적으로 완수한다는 것이죠. 이와 반대로 실제 삶에서 죽음이란 대개 아무런 의미도 없고, 그래서 더더욱 참을 수 없는 일인데 말이에요!

영화에서는 죽음을 되돌릴 수도 있지요. 유령의 모습으로 다시 나타나기도 하고, 몸에 구멍이 열 개쯤 뚫린 채로 벌떡 일어나기도 하고, 악당 무리에게 묵사발이 되도록 얻어맞은 뒤 다음 장면에서는 조그만 반창고 하나 붙인 채 아무렇지도 않은 듯 등장하죠. 결국 이게 다 별로 대단한 일이 아니라는 겁니다! 심지어는 지구라는 별 위에서 부대끼는 게 지겨워 죽을 지경인 불사의 존재도 있어요. 〈하이랜더〉를 봅시다. 우리 같은 사람들이 몇 세대에 걸쳐 살다 죽는 동안, 지겨운 듯한 얼굴로 하이랜더가 돌아다니는 걸 아마 텔레비전에서건 영화관에서건 본 적이 있을 거예요. 그가 원하는 것은 오직 하나, 하찮은 인간들의 유한한 운명을 얻는 것이라니!

또 여러분은 아주 어릴 때부터 희한한 것들을 많이 봐왔습니다. 백설공주의 죽음은 일시적인 현상일 뿐이에요. 사랑

이 담긴 첫 키스만 얻는다면 아름다운 공주는 유리관에서 부시시 깨어날 수도 있죠. 만화영화에서 죽는 등장인물들은 딱 자기를 좋아하는 관객들이 겁을 먹을 때까지만 죽어 있습니다. 곰 발루는 호랑이 시어 칸과 싸운 뒤 모글리가 걱정하지 않도록 금세 회복하고, 로빈 훗은 존 왕자의 성벽을 거의 아무렇지도 않게 넘어서 이미 눈가에 눈물이 고여 있는 리틀 존을 잡으러 가고, 뭐 그런 것들 말이에요.

어쩌면 여러분은 이 모든 것들을 계속 접해온 나머지 죽음에 대해 선정적으로, 마치 다 알고 있다는 듯이 경박하게 이야기하게 됐을지도 몰라요.

다른 얘기 하면 안 될까요?

가끔은 이렇게 만연한 폭력을 견디기 힘들 때도 생깁니다. 여러분은 누구든 엄청 예민해지기 마련인 청소년기에 이르렀잖아요. 어떤 날은 매우 거칠고 불쾌한 장면을 아무렇지 않게 쳐다보다가도, 다음날이면 그보다 수위가 약한 영상에도 견디기 힘들곤 하지요. 몸 상태

가 안 좋아서일 수도 있고, 겉보기에 현란하다고 해서 사실 그게 가장 끔찍한 건 아니기 때문일 수도 있죠.

최고시청각위원회(CSA: 우리나라의 방송통신위원회에 해당하는 프랑스의 방송감독기구 -옮긴이)의 1994년 자료에 따르면, 일주일간 편성된 텔레비전 프로그램에서 평균적으로 한 시간에 열 번 정도의 범죄와 폭행을 볼 수 있었고, 그 대부분은 미국 영화나 드라마를 통해서였어요. 일부 연구자들은 이러

한 융단폭격이 젊은 시청자들 사이에서 폭력적인 반응을 불러오지 않는가 하는 의문을 던지기도 합니다. 런던에서 12세에서 17세 사이의 청소년들을 대상으로 행해진 조사에 따르면, "가공의 이야기지만 현실적인" 폭력이 애니메이션이나 SF보다 더 큰 영향을 미친다고 하네요.

진짜 죽음

아무리 여러분이 텔레비전과 영화로 죽음을 2348번 목격하고, 방 책꽂이 한쪽 칸이 스티븐 킹의 소설로 꽉 차 있고, 게임하면서 눈썹 하나 까딱 않고 적들을 학살한다고 해도, 죽음이 정말로 여러분의 코앞에 나타나는 날에 대해서는 아무런 대비도 할 수 없습니다. 숨이 끊긴 시체를 스크린에서 보는 것과 사랑하는 누군가를 잃었을 때 아픔을 느끼는 것 사이에는 아무런 관련도 없기 때문이죠. 감정이 존재하는 진짜 삶은 측정하거나 학습할 수 있는 것이 아닙니다. 우리 존재의 가장 깊숙한 곳에서부터 울려 퍼지는 것이지요.

우리 사회가 죽음을 주도면밀하게 감추기 때문에, 그사이 여러분은 더욱 낯설고 두려워지는 죽음에 무방비 상태가 됩니다. 더군다나 이른바 원시적인 사회에서야 낱낱의 개인이란 그저 사회를 구성하는 하나의 요소일 뿐이지만, 오늘날의 우리는 누구도 대신할 수 없는 존재로서의 개인에게 매우 큰 비중을 부여하기 때문에 더욱 그렇지요.

모방자살 혹은 '베르테르 효과'

얼마 전 한국에서도 유명 연예인이 자살하자 이를 따라서 자살한 이들이 있었다. 이러한 모방자살이 사회적으로 전염되는 현상을 미국의 사회학자 데이비드 필립스는 '베르테르 효과'라 불렀다.(주인공 베르테르의 권총 자살로 끝나는 괴테의 소설 『젊은 베르테르의 슬픔』이 베스트셀러가 되면서, 당시 이를 모방한 젊은이들의 자살이 급증하여 사회문제가 되었던 데서 비롯된 명명이다.) 필립스의 연구는 유명인의 자살을 언론매체가 대대적으로 보도한 뒤 자살률이 급증했음을 보여준다. 이는 자신에 대한 살인행위라 할 자살을 예방하는 데 언론의 신중한 보도가 얼마나 중요한지를 우리에게 일깨워준다.

기대수명 및 영아사망률

기대수명은 '사망 평균연령'이 아니다. 예컨대 2009년 현재의 기대수명이 80세라면 현재의 사망률이 유지된다는 조건 아래 2009년에 태어난 0세 아이가 앞으로 생존하리라고 예상되는 수명이 80세란 뜻이다. 통계청의 발표에 따르면, 한국인의 기대수명은 2007년 기준으로 79.56세(여자 82.73세, 남자 76.13세)이다.

영아사망률은 아기가 태어나서 첫돌이 되기 전에 죽는 비율로 보통 1000명당 사망자 수로 나타내며, 한 나라의 생활수준과 건강수준을 보여주는 중요한 지표로 이용된다. 유엔인구기금(UNFPA)이 발표한 '2006년 세계인구 현황보고서'에 따르면, 한국의 영아사망률은 3명으로 155개국 가운데 일본·싱가포르·노르웨이·스웨덴 등과 함께 세계 최저 수준이었다.

2

문제가 되는
죽음

연쇄살해

처음으로 산목숨을 빼앗아본 게 언제인지 기억나나요? 걱정 말아요, 피에 굶주린 연쇄살인마 취급하는 건 아니니까! 하지만 누구도 이 문제에선 온전히 결백하지 못합니다. 예컨대 '어떻게 되는지 한번 보려고' 여러분이 죽였던 파리, 거미, 메뚜기, 그리고 어쩌면 새나 개구리 들을 생각해 보세요. 아이들이란 본디 아주 어려서부터 거의 과학자에 맞먹는 실험정신을 지니는 법이죠. 작은 생명 하나가 그 대가를 치른대도 별수는 없겠지요.

세 살 먹은 레오는 정원에서 우리가 보통 '별노린재'라고 부르는, 긴 무당벌레처럼 생긴 벌레들을 관찰합니다. 그중 한 마리가 움직이는 걸 보다가 손가락을 내밀어 짓눌러 버리네요. 그러고는 저한테 와서 호기심 어린 얼굴로 "벌레, 부셔졌어요!"라고 말하는군요. 슬퍼하지도 미안해 하지도 않으면서요. 레오에게 죽음이란 별 의미 없는 말이거든요. 죄책감이 든다면 순전히 부모님의 반응 때문일 거예요. "왜 너한테 아무 짓도 안 한 벌레를 괴롭혔니? 누가 너한테 그러면 어떨 것 같

아?" 하는 식으로요. 생명에 대한 호기심에서 나온 이 행위에는 '사악함'이 없답니다.

과학자에서 자이나교도까지

학교에서 생물선생님이 뇌를 제거해준 개구리를 해부해본 경험이 있을 거예요. 개구리의 신경체계가 어떻게 작동하는지 이해하기 위해서죠. 반에서 몇 명은 조금 충격을 받고 속이 안 좋아지기도 하지만, 나머지 대부분은 자기 고통을 우리에게 전달할 만큼 눈이 크지는 않은 이 조그만 동물들의 희생을 그럭저럭 견뎌냅니다. 더구나 과학자의 정신으로 임할 때는, 방법만 올바르다면 그 결과는 문제될 게 없거든요. 열세 살인 마르탱은 해부 실습을 위해 시골에 가서 개구리를 몇 마리 잡으려고 합니다. 친구와 함께 출발하기 전에 부모님께 에테르와 솜을 빌리는데, 그 양서류 녀석들을 고통 없이 보내기 위해서라죠.

인도의 종교 중 하나인 자이나교만이 그것이 무엇이든 생명을 해치는 행위는 철저히 배격합니다. 어떤 이들은 걸으면

서 작은 벌레를 삼키지 않기 위해 입에 손수건을 대고 다니기도 해요. 목숨이 붙어 있는 것을 깔아뭉개지 않기 위해 앉기 전에 땅바닥을 쓸기도 하고요. 엄격하게 채식만 한다는 건 말할 필요도 없겠죠.

우리네 사람들 가운데 이렇게 양심적인 이는 드물다고 말하기에도 너무 적습니다. 아이들이 '한번 보려고' 생명을 죽이는 반면 어른들은 주로 실용적인 차원에서, 아니면 혐오감 때문에 생명을 희생시키죠. 아버지는 파리채를 휘둘러서 식탁 위 멜론을 맛보려는 벌을 잡습니다. 구석에 가만히 있던 거미

는 때로 청소기에 빨려 들어가고요. 손을 더럽히지 않기 위해 도구를 사용하긴 하지만, 그렇다고 살해의 정도가 약해지지는 않지요. 여러분이 온화함의 화신으로 여기는 어머니는 아마도 끓는 물에 게를 산 채로 던져서 익혀본 경력이 있을 거예요. 산다는 게 참 끔찍하죠!

안녕! 멍멍아, 야옹아, 햄스터야

솔직히 말하자면, 이런 조그만 벌레들까지야 어떻게 되건 별로 상관 않는 편이지요. 개구리 한 마리가 없어져 봤자 열 마리가 새로 나오는걸요! 우리들은 조그마한 짐승들을 볼 때 실용적인 이유 때문에 없애버리거나, 검고 털로 뒤덮인 여덟 개의 다리가 주는 혐오감에 몸서리치는 것일 뿐이죠. 하지만 여러분의 애완동물로 넘어오면 얘기가 전혀 달라집니다. 이 녀석은 여러분이 아주 좋아하잖아요. 자기 이름도 있고요. 하루하루 살아가는 걸 보고, 먹이를 주고, 산책시키고, 비밀을 털어놓기도 하지요. 애완동물은 여러분의 친구예요. 누구도 대신할 수 없는 일종의 인격을 갖고 있어요. 그리고 여러분이 태어날 때부터, 아니면 아주 어릴 때부터 함께해온 만큼 녀석이 으르렁대지 않게 하면서 빗질을 할 수 있는 건 여러분뿐이고, 학교에서 돌아왔을 때 문 뒤에서 기다리고 있는 것도 녀석이에요.

하지만 여러분이 커감에 따라 키우는 동물은 늙어갑니다. 수염에 흰 털이 섞이기 시작하죠. 그러다 어느 날 없어지고 말아요. 사람과 마찬가지로 동물도 죽는 방식이 다양한데, 어떤 경우는 몹시 별안간에 닥칩니다. 예컨대 고양이들은 주로 마지막으로 돌아오지 않는 가출을 하지요. 야옹이가 죽었는지, 아니면 다른 주인을 만났는지 여러분은 알 길이 없습니다. 또는 과속하는 차에 치이거나 '노령'으로 **죽는 동물**도 있지요.

생살여탈권

애완동물을 죽게 할지 말지 선택해야 하는 어려움에 맞닥뜨릴 때도 생깁니다. 녀석이 너무 아파서 고통스러워하고 있다면 여러분에게는 안락사 하도록 주사를 맞힐 권리도 있지요. 사실 동물들은 법에 의해 인격체가 아니라 물건으로 (정확히는 부동산과 달리 움직일 수 있다는 뜻에서 '동산'으로) 취급되지요. 잘 알려진 대로 동물에게는, 오랫동안 여성이 그렇게 취급되었던 것처럼, 영혼이 없으니까요! 그렇다고는 해도 우리는 오직 살릴 도리가 없거나 우리에게 위협이 될 때에만 동물에 대한 생살여탈권을 신중하게 행사해야 합니다. 수의사가 이 문제에 대해 조언을 해줄 것이고, 여러분의 망설임과 괴로움도 이해해줄 거예요.

이런 경우에 때로는 아이가 없는 사이 모든 일이 처리되도록 부모님이 조치를 취하기도 합니다. 이번이 마지막이 될 거라는 사실을 모르는 채 졸래졸래 따라오는 동물과 함께하는 산책은 견디기 힘들거든요. 하지만 여러분에게는 그러저러한 사실을 제대로 알고 동물병원에도 함께 갈 권리가 있습니다. 녀석을 완전히 데려가 버리기 전에 마지막으로 한 번 쓰다듬어줄지, 그 광경을 보지 않고 차라리 친구들과 영화관에 가 있을지는 오로지 여러분의 선택에 달린 문제지요.

키우던 동물이 어떤 방식으로 죽었든, 며칠간은 어디서나 녀석이 불쑥 튀어나올 것 같고 살금살금 다가오는 소리가 귀에 들리는 것 같을 거예요. 강아지가 으레 용변을 보던 시간

이면 자동적으로 개줄이 어디 있는지 찾으려다가, 갑자기 기억이 나겠지요. 이렇게 여러분은 애도 과정이라고 하는, 조금씩 현실을 받아들이고 괴로운 느낌을 다스리는 단계를 겪어야 할 겁니다. 다시는, 절대로 동물을 키우지 않을 거라고 맹

세하기도 하겠죠……. 몇 주, 몇 달간은요. 그러고 나면 어느덧 삶은 제자리로 돌아올 겁니다. 예전의 동물을 잊어버리지 않고도 새로운 녀석을 좋아할 수 있다는 걸 깨닫게 되겠지요. 하지만 분명히 해야 할 건, 새로운 동물은 이름이 다르고 여러분과 새로운 관계를 맺게 될 완전히 다른 녀석이라는 거예요.

시체를 어떻게 할까?

곧 이 질문과 마주하게 됩니다. 몇 년간 뒤치다꺼리를 해주고 수시로 꼭 끌어안던 사이인데, 다 먹은 요플레통 버리듯이 쓰레기통에 넣어도 된다고 생각하지는 않을 테니 말예요.

녀석에게 맞는 상자를 골라서 마당이나 숲에 구덩이를 파고 묻어주겠지요. 대개 그러려면 부모님이 동의해 주셔야 해요. 하지만 그런 일이 어린애 장난에 지나지 않는다고 보는 부모님이라면 어떻게 해야 할까요? 여러분의 친구를 쓰레기통에 버리는 일은 여러분이 녀석에 대해 갖고 있던 애정을 함께 버리는 일이라고 설명해 드리세요. 전혀 먹히지 않는다면, 도움을 청할 다른 어른을 찾아볼 수도 있겠죠. 그렇다고 해도 법적으로 정해진 조건을 충족시켜야 한다는 건 잊지 마세요. 40킬로그램 미만의 동물만, 그리고 주거지역으로부터 30미터 밖에서만 땅에 묻을 수 있답니다.

수의사가 다른 해결책을 제안할 수도 있어요. 시체를 (유료로) 화장하거나 동물묘지에 묻거나 (하지만 동물묘지는 드물고 꽤 비싸죠) 하는 식으로요. 아니면 왜, 박제술도 있답니다. 그렇지만 키우던 동물이 박제된 모습을 모든 사람이 보고 싶어하지는 않죠! 이도 저도 아니면 수의사에게 시체를 맡길 수

도 있어요. 그렇게 되면, 일단 '가루'로 된 다음 다시 폐기됩니다. 이런 구체적인 사실들은 별로 유쾌하지 않지만, 마찬가지로 유쾌하지 않은 죽음이라는 현실에 무방비로 노출되는 것보다는 나을지 몰라요.

파손 주의

더 가슴 저리게 아픈 영역이 있지요. 바로 가족입니다. 여러분이 자라면서 사랑하는 법을 배우고 세상을 알아간 건 모두 가족과 함께였어요. 새싹을 틔우는 중인 나무가 여러분이라면, 가족은 여러분의 뿌리와 같습니다. 몸과 마음 양쪽에서 모두 변화를 겪고 있는 지금, 가족은 더더욱 소중하지요. 가끔 짜증날 때도 있지만, 가족은 아동기로부터 성년기로 향하는 기묘한 여행에서 방향 잡는 법을 배우는 기준점이 되거든요. 사람마다 이 기준점에 두는 가치는 다릅니다. 우리는 커가면서 긍정적인 모범을 따르려고 노력하기도 하고, 부정적인 반면교사에서 절대로 되고 싶지 않은 모습을 보기도 하니까요.

여러분은 대개 증조부모님이나 조부모님의 죽음과 가장 먼저 맞닥뜨리게 될 겁니다. 그분들이 가장 연세가 많으니까 당연한 일이겠지요. 그래도 그분들의 죽음은 상당한 공허감으로 다가올 수 있습니다.

할머니 할아버지는 항상 계셔왔고, 비록 조금 멀리 사시고 자주는 못 뵌다고 해도 늘 여러분의 세계를 구성하는 일부분이었어요. 전화 통화도 하고, 조그만 선물도 주시고, 명절 때 가족모임에서 뵙고 말이죠. 또한 큰어른들은 가문의 역사를 전해주는 분들이에요. 증조할머니는 여러분에게 당신의 부모님과 그 당시 살던 방식, 겪어야 했던 전쟁, 지금은 없어진 직업 등에 대해 이야기도 해주실 거예요.

부모님과 의사소통이 잘 안 될 때는 할머니 할아버지 댁을 편히 의지할 수 있는 포근한 보금자리로 삼기도 하지요. 그럼에도 불구하고 그분들의 죽음이 즉시 커다란 고통으로 다가오지는 않을 수도 있습니다. 감정은 제어되는 것이 아니라 경험하는 것이거든요. 나중에 전혀 예기치 못한 때, 웃음소리나 몸짓 하나가 문득 기억날 때 슬픔은 불쑥 찾아온답니다.

이치라는 게 있나요?

아주 나이가 많은 사람의 죽음에 대해 이야기할 때 사람들은 흔히 "뭐, 사는 게 그런 거지"라거나 "그게 순리에 맞는 거야"라고 합니다. 심지어는 "천수(天壽)를 다하셨어"라고도요. 어떤 의미에서는 사실이죠. 증조할머니가 아흔다섯 살에 평온히 숨을 거두신다면, 당신의 삶을 완수할 시간이 충분했다고 봐야 할 테니까요. 그렇다고 슬픔이 줄어드는 것은 아닙니다. 돌아가신 분의 나이보다 중요한 것은 그분에 대한 우리의 애정, 우리에 대한 그분의 애정이지요.

또한 누군가 아주 나이가 많았거나 오래 병을 앓다가 죽었다면 그의 죽음에 심적으로 대비할 여유가 있었다고 생각할 수도 있습니다. 물론 약간은 맞고 약간은 틀린 말이에요. "목숨이 붙어 있는 한 희망도 있다"는 격언을 생각해 보세요. 누군가가 죽지 않은 한 그는 살아 있는 거라고 **라팔리스 씨**는 덧붙였겠죠. 죽음은 언제 오더라도 갑작스런 충격을 자아내게 마련이고, 거기서부터 차근차근 회복해갈 수밖에 없는 노

56

누구를 고를까 알아맞혀 보세요, 딩동댕!

롯이지요.

작별인사 하기

옛날에는 대부분 한 집에 여러 세대가 함께 살았던 반면, 지금 여러분은 부모님 곁에 살고 조부모님은 따로 살고 계실 겁니다. 할머니 할아버지께 무슨 일이 생긴다면 여러분은 어떻게 그 사실을 알게 되나요? 거의 부모님을 통해서겠지요. 어떤 식으로 얘기를 꺼내실까요? 평소에 부모님과 자유롭게 이야기를 나눴다면, 아마 상황을 있는 그대로 설명해 주실 거예요. 할아버지가 병원에 계시단다, 아주 큰 병을 앓고 계셔서 곧 돌아가실 수도 있단다. 그럼, 원한다면 문병을 가서 힘을 북돋아드리거나 작별인사를 드릴 수도 있겠지요.

사실 병원에서 흰 가운을 입은 사람들과 환자들이 복도에 돌아다니는 걸 보고 있노라면 하나도 즐겁지 않고, 혼자서만 낯선 존재인 것 같다는 느낌도 받거든요. 그러니 들려본다는 게 쉬운 일만은 아닙니다. 물론 꼭 가봐야만 하는 건 아니에

요. 할아버지의 몸 상태가 통화를 할 수 있을 정도로 좋다면, 전화로 여러분의 목소리를 듣는 것만으로도 기뻐하실 거예요. 그리고 연락드리는 게 정히 내키지 않는다면 억지로 그러지는 말아요. 억지 인사는 누구에게도 도움이 안 될 테니까.

아빠, 엄마, 어른답게 굴어봐!

부모님도 힘든 건 마찬가지랍니다. 물론 부모님들은 어른이지만, 그들도 한때는 아이였거든요. 자기 아버지나 어머니를 잃은 상황에서 북받치는 감정을 여러분에게 전부 내보이고 싶지 않아 할 수도 있어요. 이런 부모님을 이해하는 건 좋지만, 그렇다고 무슨 수를 써서라도 슬픔에 젖는 걸 막아야 한다는 건 아닙니다. 울고 싶으면 굳이 참지 마세요. 여러분이 눈물을 흘림으로써 다른 이들의 슬픔이 커지는 건 아니니까요. 오히려 어쩌면 그들 자신이 눈물을 흘리는 데 도움이 될지도 모릅니다.

어떤 어른들은 일부 청소년들과 마찬가지로 자기 감정을 잘 드러내지 못하는데, 이건 아무런 도움도 되지 않습니다. 사나이는 눈물을 함부로 흘리지 말아야 한다는 식의 얘기를 귀에 못이 박히도록 들어온 남자들이 대개 이 경우에 해당되죠. 내가 열네 살이었을 때 할아버지가 차에 치여 급작스럽게 돌아가셨습니다. 그날 저녁 나는 어머니와 굉장히 많이 울었지요. 그런데 우리 아버지는 자기 아버지를 막 잃고도 태연한 척 식사하면서 "햄이 정말 맛있네" 같은 이야기나 하고 있는 것 아니겠어요. 어린 내가 발끈했을 만하지요?

부모님은 또한 여러분에게 '진실, 모든 진실'을 다 이야기하지는 않을지도 몰라요. 아직 여러분을 아이로 보고 있기 때문이죠. 그래서 여러분이 사실을 알고 이해할 필요가 있다는 걸 잘 받아들이지 못합니다. 평소에도 부모님과 서로 잘 이야기하지 않는 편이었다면 더더욱요. 하지만 부모님이 침묵을

지키는 건 의미 없는 노력에 지나지 않습니다. 여러분은 분명 반발심을 느낄 테고, 가정 안에 슬픔뿐만 아니라 긴장과 다툼까지 생기겠지요. 부모님이 며칠 시간을 벌 요량으로 여러분에게 "할머니는 시골에 가셨단다"라고 둘러댄 뒤 그사이에 수척한 얼굴로 구석에서 소곤소곤 이야기하는 걸 보게 된다면, 뭔가 심각한 일이 생겼을 뿐만 아니라 여러분이 얼간이 취급을 당하고 있다고 여길 수밖에 없지 않겠어요! 여러분에게 무엇보다 필요한 건 가족들과의 신뢰관계인데 말이죠. 그게 없다면 슬픔과 맞닥뜨린 데다 인격적으로 대접받지 못하는 괴로움까지 함께 겪게 될 테니까요.

한편, 어쩌면 부모님이 진실을 조금씩 조금씩 말해 줄 수도 있습니다. 들을 때, 그리고 말할 때 견디기가 좀 낫도록 하려고 말이죠. 예컨대 누군가 자살했다면 여러분에게 '모든 걸' 한 번에 말하는 일이 매우 어려울 수 있습니다. 듣기 괴로운 구체적인 사실들은 차츰차츰 알아가게 되겠지요. 중요한 것은 어른들과 여러분 사이에 대화가 존재해야 한다는 거예요. 서둘러 단정지어 버리는 데 그치지 않는, 긴 호흡의 거짓 없는 대화.

재산 상속 문제로 일이 복잡해질 수도 있습니다. 때로 많은

가정에서 누군가의 죽음은 서부활극식 결투로 둔갑하곤 해요. 각자가 돈을 최대한 많이, 어느 형제나 자매보다 더 많이 받기를 원하기 때문이죠. 이참에 오래 묵은 앙금까지 한꺼번에 쏟아내기도 하고요. 여러분은 어른들이 슬픔을 표현하는 이 기괴한 방식을 어떻게 생각해야 할지 어리둥절할 겁니다. 어찌 됐건, 여러분과는 무관한 일이니 거기에 끌려 다니지는 마세요! 엄마가 아멜리 이모한테 화났다고 해서 여러분이 이모를 보러 가면 안 되는 건 아니잖아요, 참 나.

흑마술

여러분 안에 남아 있는 유아적인 사고방식에도 주의해야 합니다. 어릴 적 침대에 누운 뒤 포옹 생각이 간절할 때, 눈을 꼭 감고 엄마 생각을 하면 엄마가 방으로 와서 뽀뽀를 해줄 거라고 생각해본 적이 있었을 거예요. 뭔가를 간절히 원하면 그것이 일어난다고 믿는 거죠. 여러분한테 어느 정도는, 어른들도 마찬가지인데, 그런 생각이 남아 있습니다. 매우 조심해야 해요.

중학생인 세바스티앙은 어느 날 저녁 할아버지와 다툽니다. 식사를 하는 동안 그는 몹시 화가 나서 부모님에게 "할아버지, 죽어버렸으면 좋겠어!"라고 말하죠. 그런데 다음날 할아버지가 심장마비로 돌아가십니다. 세바스티앙은 주저앉은 채, 자신이 그걸 바랐으니 할아버지의 죽음은 자기 탓이라고 생각하지요. 마치 자기 의지만으로도 할아버지를 정말 죽일 수 있었다는 듯이요. 이 끔찍한 죄책감과 싸우는 길은 멀고도 험난하답니다.

아빠, 엄마

대개 여러분은 부모님 모두나 둘 중 한 분과 같이 살고 있습니다. 혼자만의 힘으로 날아오르기까지는 꽤 오랜 시간이 걸릴 거예요. 일상은 좋을 때("잘했다! 수학 90점이면 많이 올랐네")와 안 좋을 때("얘기를 하고 있는데 듣지도 않니!")를 번갈아가면서 그럭저럭 부드럽게 흘러가지요. 여러분 가운데 일부는 이런 일상이 급격히 뒤흔들리는 것을 경험하기도 합니다. 가정이라는 보금자리에서 편안히 지내다가 느닷없이 비바람 속에서 역풍과 싸우게 되는 거지요.

단숨에 세상이 제 축에서 벗어나 제멋대로 돌아치기 시작합니다. 상(喪)을 당한다는 것은 두 가지 상실을 경험하는 일인데, 하나는 우리가 사랑하는 존재와 그의 목소리, 몸짓, 신체를 잃는 일입니다. 그리고 다른 하나는 비록 사소하지만 무엇보다도 중요한 것들, 즉 여러분이 사는 곳, 하루하루의 생활 리듬, 가족들과 함께 보낸 시간 등이 떠받쳐주는 여러분의 안정감을 잃는 일이지요. 이 풍랑 속에서 침몰하지 않으려면 어떻게 해야 할까요?

상을 당한 뒤의 애도 과정은 여러분이 원래의 자기 삶으로 되돌아가기 위해 반드시 거치게 될 기나긴 길입니다. 순식간에 여러분을 둘러싸 버린 완전히 새로운 공간에서 여러분 자신의 삶을 온전히 살기 위해서죠. 시간이 해결하도록 기다리는 것만으로는 충분치 않습니다. 뭔가 조치를 취해야죠. 처음에는 불가능해 보일 겁니다. 충격이 가시지 않고, 믿어지지가 않겠지요. 마치 죽은 사람이 일부러 여러분을 여기 혼자 남겨둔 것처럼 버림받은 느낌도 들고요. 심지어 현기증을 느끼고,

갑자기 몸을 떨며 울음을 터뜨릴지도 몰라요. 그리고 나서 얼마간 시간이 흐르고 나면, 싫든 좋든 일상생활은 다시 시작되지요. 새로운, 더 긴 기간이 시작되는 겁니다. 이때는 아픔을 많이 느끼게 될 거예요. 하루하루 일상의 흐름에서 문득문득 '비어 있음'이 아로새겨져 나타나니까요. "엄마는 이걸

이렇게 요리했을 텐데" "이번 주말에 할아버지 할머니 댁에 가야 했는데" 하는 식으로요. 여러분은 마냥 여려져서 사소한 말실수 하나에도 아파할 수 있습니다. 두려움을 느낄 거예요. 또 다른 누군가를 잃는 것에 대해, 그리고 여러분 스스로 존재하는 것에 대해.

각자 다양한 방식으로, 눈물을 흘리거나 울음을 참거나 화를 내거나 죄의식을 느끼며 이 사막을 건너갑니다. 하지만 변치 않는 사실은 이 사막이 존재한다는 거지요. 중학교에 근무하는 한 사회복지사는 다음과 같은 비유를 사용합니다. "네 마음에 상처가 나서 아프고 피가 흐를 거야. 그러다가 딱지가 앉고, 완전히 나은 뒤에는 흉터가 남을 거란다."

마침내 여러분은 조금씩 수면 위로 올라옵니다. 아직 생살이 드러난 상태이긴 하지만, 기억들이 다소 견딜 만해지지요. 특정 사진을 보고서도 어느덧 눈물을 흘리지 않을 수 있게 되고요. 행복했던 순간들도 여럿 생각나고, 사뭇 부끄럽기까지 하지만, 그 생각에 놀랍게도 웃을 수 있게 됩니다.

여러분과 가족의 삶은 재정비될 거예요. 감정적 동요뿐 아니라 생활상의 변화도 생길 수 있습니다. 예컨대 집에서 혼자 돈벌이를 하시던 아버지가 돌아가셨다면, 아마 어머니가 일자리를 알아보셔야 할 겁니다. 동시에 여러분은 학교 식당에서 밥을 먹어야 하고, 어머니도 예전만큼 자주 보지는 못하겠지요. 집세를 감당할 수 없게 됐다? 이사를 가야겠지요. 늘 머리맡에 붙여뒀던 연예인 브로마이드를 떼어서 새 벽에다 붙이고, 낯선 동네에 익숙해져야겠네요. 아무튼 여러분은 새

로운 지표를 찾아갈 겁니다. 잊히지는 않겠지만, 조금씩 미래를 향해 고개를 돌릴 수 있을 거예요. 클럽활동을 바꾸거나, 다른 운동을 시작하거나, 새로운 친구를 사귈 수도 있겠죠. 삶을 되찾기 위해서라면 어떤 방법이라도 좋거든요!

> 가끔씩 겁이 난다, 매번 같은 것에 대해서.
> 함께 있는 것만으로도 너무나 행복한 부모님과 언니를
> 잃어버릴까봐 겁이 난다. 이따금 저녁에 방에서 그런 생각을
> 하는 것만으로도 눈물이 앞을 가린다. 끔찍한 일일 거다.
> 작년에도 할머니가 돌아가셨다.(정말 잘해 주셨는데.)
> 성적이 바닥을 칠 정도로 괴로운 일이었는데,
> 부모님이나 언니가 그렇게 되었다는 생각을 하면……
>
> ─악셀

아픔과 말

결국 중요한 부분은 여러분 안에서 진행되지만, 주위에 사람이 많을수록 이 애도 과정을

더 잘 소화할 수 있습니다. 여러분에게 필요한 건 동정심에서 나온 겉치레 말이 아니라 인내심을 갖고 애정을 보여줄, 여러분의 침묵과 목소리를 있는 그대로 받아주고 분노와 슬픔을 들어줄 사람이에요. 울 필요도 있겠죠. 그런다고 현실이 바뀌는 건 아니지만, 슬픔을 견디는 데 도움이 되니까요.

머릿속에서 말을 끄집어낼 필요도 있습니다. 대화 상대를

70

정하거나 그러지 않거나, 글로 쓰거나 말로 하거나, 방법은 여러 가지예요. 비밀일기를 쓰거나, 종이쪽지를 아무도 모르는 곳에 모아두거나, 죽은 이에게 편지를 쓸 수도 있겠죠. 그와도 얘기할 필요가 있으니까요. 삶을 상징하는 조그만 불꽃인 촛불을 켜고, 그게 죽은 이인 것처럼 말을 걸어보는 건 어떨까요?

곁에 있는 사람과 이야기하는 것도 좋습니다. 친구나 사촌, 형제자매들은 어떤가요? 만약 그 정도로 가까운 또래가 없다면, 좋아하는 선생님이나 평소 보던 의사도 여러분을 도울 수 있어요. 대개 그들이 다가오게 하려면 여러분이 먼저 그들 쪽으로 한 걸음 내딛어야 해요. 그럴 수 있다는 건 이미 기력을 어느 정도 회복했다는 말이겠죠.

자신이 가라앉도록 내버려 두지 마세요. 참고 억누른 말은 상처로 돌아옵니다, 누군가 여러분에게 해주지 않은 말과 여러분이 내뱉지 못한 말 모두가.

형제, 자매

죽은 이가 여러분의 형제나 자매인 경우에는, 여러분 혼자만 힘들어지는 게 아니에요. 가족 모두가 충격을 받지요. 부모님들은 누구보다 고통이 커서 어쩌면, 적어도 당분간은, 여러분에게 귀 기울일 여력이 없을지도 모릅니다. 그럼 여러분은 한쪽 구석에서, 너무 뒤엉켜서 한 아름씩이나 되는 복잡한 감정의 실타래를 끌어안고 있겠지요. 죽기 전이라고 해서 꼭 모든 게 좋지만은 않았거든요. 컴퓨터를 누가 쓸지를 놓고 다투고, 등만 보였다 하면 제일 좋아하는 재킷을 훔쳐가고 말이죠. 다행히 그런 일뿐만 아니라 미친 듯이 웃어댈 일도 많았고, 둘이나 셋이서 어른들한테는 숨겨야 했던 말썽을 피우기도 했을 거예요. 그런데 이제는 없어져 버렸다니……. 부모님에게는 끔찍한 얘기를 할 엄두가 안 날 거예요. 반으로 쪼개지는 듯한 아픔을 느끼면서도, 한편 경쟁자를 질투하던 여러분 내면의 무언가가 '이제야 없어졌네!'라고 은밀히 속삭이고 있다는 얘기를요! 부모님에게 이걸 얘기하는 건 말도 안 된다, 나를 괴물로 보실 거야, 하고 여러분은 생각하겠죠.

그 이후부터는 여러분 혼자한테만 달린 문제가 아니에요. 어른들, 누구보다 부모님이 끔찍한 고통에서 점차 벗어날 겁니다. 여러분은, 바로 살아 있는 여러분에게는 부모님의 관심이 필요합니다. "저에게 신경써 주세요! 제 잘못이 아니라고, 있는 그대로 저를 사랑한다고 말해 주세요!" 그렇지만 당분간은 여러분이 집안을 '안정시키는' 역할을 맡을 수도 있어요, 장을 보고 살림을 챙기는 그런 일들로. 오히려 여러분을 누군가가 좀 챙겨줬으면 싶은 터에 말이죠.

살아 있는 사람에게 모든 얘기를 다 할 수 없을 것 같다면, 죽은 이에게 편지를 써보는 건 어떨까요? 그는 없어졌지만 여전히 여러분은 그의 존재를 느끼고 있으니까요. 펜을 들고, 이 배신자에게 생각나는 대로 다 얘기해 버리세요. 분노, 그리움, 텅 비어버린 방, 핸들을 놓친 자동차처럼 갈팡질팡하는 삶에 대해서요. 시, 랩, 편지, 아니면 종이에 닥치는 대로 끼적인 단어들로 말이에요. 분명히 얘기하는데, 말이라는 건 눈물과 같아요. 후련해지기 위해서는 머리에서 내보내야 하니까요.

친구야, 안녕

친구는 '마음의' 형제 혹은 자매입니다. 여러분은 혈연과 아무런 상관없이 서로를 선택한 사이지요. 둘 사이에는 못 할 말도 없고, 같이 나눠 갖고 있는 세계가 넓게 펼쳐져 있어요. 어찌 보면, 또 다른 자신 같아요. 그가 사라진다면? 여러분의 세상은 무너집니다. '내가 뭐 하겠다고 아직 살아 있지, 왜 내가 아니고 그 녀석이 죽은 거야?'라고 끊임없이 되뇌지요. 모든 일이 꼭 이치에 맞는 건 아닙니다. 아직 살아 있다고 해서 자신을 나무라지 마세요. 고통스러운 껍데기 속에서 조금씩 나오게 될 겁니다. 그를 잘 알던 친구들이라면 분명히 서로에게 손을 내밀 수 있을 거예요.

그러다가 어느 날, 둘 다 가장 좋아하던 음식인 케첩에 흠뻑 적신 맛있는 스테이크와 감자튀김이 먹고 싶어지겠지요. 다른 친구와 함께 웃을 수도 있게 되고. 그러면 애도 과정의 커다란 한 부분이 마무리되고, 여러분은 자신의 생활 리듬을 되찾을 수 있을 만큼 죽은 친구로부터 벗어날 겁니다. 그렇다

고 해서 여러분이 배신자가 되는 건 아니에요! 그에게 충실할 수 있는 방법은 자신을 아프게 하는 게 아니라, 추억을 간직하는 여러분만의 방법을 찾아내는 거니까요.

동물 사체의 처리

아무 곳에나 동물의 사체를 묻거나 버리면 경범죄처벌법이나 수질및수생태계보전에관한법률에 따라 처벌받을 수 있다. 한국에선, 가정에서 죽은 애완동물은 생활폐기물로 분류돼 쓰레기 봉투에 담아 버리거나 동물병원에서 감염성폐기물로 분류해 소각처리하는 방법이 있다. 그러나 애완동물을 기르는 사람들은 정서적 거부감 때문에 이를 기피하여 불법 매장이 여전히 성행하고 있다. 하지만 2008년 1월부터 본격 시행되고 있는 동물보호법 개정안에는 동물장묘업에 관한 규정이 포함됨으로써 동물장묘업체에 의뢰하여 처리하는 것도 가능해졌다. 물론 이는 많은 비용이 든다는 문제점을 안고 있어 또 다른 대책이 필요한 실정이다.

'라팔리스 씨의 진실'

프랑스의 귀족이자 군 장성인 라팔리스(1470~1525)는 이탈리아군과의 파비아 전투에서 죽었는데, 그를 기리기 위해 부하들이 지어 바친 노래에 "여기 라팔리스 씨가 묻혔으니, 죽지 않았다면 그는 여전히 부러움의 대상이었을 것이다"라는 구절이 있었다. 이것이 언제부턴가 "죽지 않았더라면 그는 여전히 살아 있었을 것이다"로 바뀌어 불리면서, 그의 이름은 자명하다 못해 빤한 진실을 다시 반복하는 걸 의미하게 되었다. 또한 그러한 행위를 나타내는 라팔리사드(lapalissade)라는 단어도 여기서 유래했다.

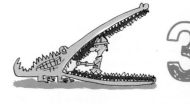

인생사용법

그 이후

조르주 페렉의 소설 제목대로 '인생사용법'을 다시 익히려면 어떻게 해야 할까요?

여러분은 상을 겪으면서 많이 동요했을 거예요. 당연한 일이죠. 천천히 원래의 삶으로 돌아가는 얼마 동안은 앞으로도 분명 계속 그럴 겁니다. 솔직히 말해서, 요즘 세상에 이건 쉬운 일이 아닙니다! 여러분뿐만 아니라 어른 아이 할 것 없이 그런 상황에 처한 어느 누구에게도. 왜 군이 이런 얘기를 하냐고요? 물론 지금이나 800년 전이나, 사랑하는 이를 잃는 건 누구에게도 쉬운 일이 아니겠지요. 하지만 그것을 '받아들이고' 삶을 선택하는 방식은 문화권마다 수없이 다양합니다.

오늘날엔 자기 슬픔을 감추고 '점잖게' 있는 것이 품위 있는 행동입니다. 자제할 줄 알고, 알아서 스스로 기분전환을 하고, 밝은 얼굴을 내보이고, 그런 게 시대정신이죠. 짧은 장례 기간이 지나자마자 사람들은 의식적으로든 무의식적으로든 여러분이 '제자리로 돌아오기'를 바랄 거예요. 마치 죽음이 우리를 방해할 수 있는 건 죽은 이의 몸을 땅에 묻는 순

간 까지뿐이라는 듯. 여러분이 속내를 많이 드러내건 전혀 그
러지 않건, 남들 앞에서 울건 이불 속에서 울건, 여러분에게
모든 것이 며칠 혹은 몇 주 만에 다 제자리로 돌아올 거라고
여길 권리는 누구에게도 없는데 말이죠. 그렇다면 이때 여러
분은 어떤 일을 겪게 되고, 누구에게 아니면 무엇에서 도움
을 얻어야 할까요?

치러내야 할 관례들

죽음 직후에는 버거운 일들이 주위에 끊이지 않습니다. 장례 절차의 세부사항들을 조율해야 하고, 할머니 묘에 장식할 꽃을 주문해야 하고, 부모님은 수도 없이 여기저기 전화를 걸고, 기타 등등……. 이 일련의 활동은 '매장'으로 마무리됩니다. 여러분은 고인을 마지막으로 장지까지 배웅하고, 기꺼이 와준 이들과 함께 슬픔을 나누지요. 사람들은 말하자면 다음과 같은 말을 나누는 거예요. "우리는 슬프지만, 살아 있는 우리는 한데 모여 서로를 추스릅시다. 삶은, 비록 더 이상 예전과 똑같지 않겠지만, 계속되기 때문입니다." 물론 억지로 노력할 필요는 없어요. 여러분이 어떻게 행동할지는 여러분의 선택입니다.

중학교 2학년생인 장은 학교 상담선생님께 불려왔습니다. 숙제를 제때 내는 법도 없고, 있어야 할 곳에 있는 경우도 없었거든요. 장은 선생님께 할아버지 얘기를 하기 시작했어요. 돌아가셨다는 얘기를 전해 들었다고요. 어머니는 장이 너무 어리다면서 장례식에 데려가지 않았습니다. 장은 자기를 낙

시에 데려가시고 정원 일도 같이 하시던 할아버지를 무척 좋아했는데, 마치 할아버지가 자기를 내버린 것 같은 기분이 들었답니다. 상담선생님은 할아버지 묘를 찾아뵙고, 어머니와도 대화를 나누라고 조언했습니다. 만성절 방학(11월의 짧은 가을방학 -옮긴이)이 지난 뒤 장은 웃으며 돌아왔지요. 할아버지가 어디 계신지 알게 됐거든요. 그러자 학교에서 더 잘 지내기 시작했어요.

어떤 문화권에서는, 장례식을 치르기도 전에 여러분이 믿기 어려울 만한 일을 하기도 해요. 예컨대 태평양의 (사람들이 프랑스어를 사용하는) 로드리게스 섬에서 누군가 죽으면 초상집에서 밤샘을 합니다. 그럼 전문 이야기꾼이 만담을 늘어놓고, 고인과 안면이 없던 사람들도 한쪽에 어울려서 카드놀이를 하지요. 고인의 딸은 "사람들이 웃는 게 자연스러운 일이죠. 제 자신은 좀 억지로 웃기는 하지만요"라고 말합니다. 이 사람들이 무정하다고 생각하지는 마세요. 이들은 단지 우리와 좀 다른 관습을 따르는 것일 뿐이니까요. 그들에게는, 슬픔에도 불구하고 삶과 그 좋은 부분들이 계속된다는 걸 강조하는 일이 중요하답니다.

원컨대 내가 죽는 날이면

내 무덤 위에서 춤을 추기를

내 장례식이 폭탄처럼

웃음으로 터져 흩어지고

미소의 연기로 날아오르기를

그날에는, 잃었다고 생각하시오

흔치 않게 제대로 맛이 간 한 녀석을

— 장 프랑수아

죽음 이후의 몸

이따금 자기 몸을 어떻게 할지
에 대해 의사를 표명해 두는 사람들이 있습니다. 어떤 이들
은 가족묘지에 묻힘으로써 자신의 애정을 다시금 나타내고
싶어하지요. 또 다른 이들은 과학의 발전을 위해 시신을 기증
해서 젊은 의학도들이 인체 해부를 배울 수 있도록 합니다.

일부 사람들은 자기 시체가 화장되기를, 즉 타서 재가 되기
를 바랍니다. 그 뒤 재는 유골함에 담겨, 원할 경우에는 다른
함들과 나란히 납골당에 안치됩니다. 유골함 위에는 비석처
럼 고인의 이름과 출생·사망일이 적혀 있지요. 화장은 시신
이 흙 속에서 해골만 남을 때까지 분해되는 데 대한 불안에
서 비롯된 하나의 대응방식일지도 모릅니다.

(아직 그럴 수 있었을 때) 고인이 스스로 내린 선택을 통해

그는 우리에게 여전히 '이야기'하고 있는 것입니다. 예를 들어 여러분의 할머니가 할아버지 곁에 묻히기를 원하셨다면, 그분과 다시 함께하고 싶다는 뜻인 셈이죠.

내게 화장은 신앙의 문제라기보다 하나의 시적인 세계로 다가온다. 만약 종교적인 이유로 그런 결정을 내리셨다면 할머니는 납골당에 자리를 마련해 달라고 우리에게 말하셨을지도 모른다. 허나 그런 생각은 고려될 여지조차 없었다. 할머니는 자유로워지기를 원하셨다. 당신은 얼마간

유골함 안에서 휴식을 취하셨고, 일정한 때가 오자 우리는

당신이 바람과 원소들로 되돌아가게끔 할머니를 자유로이

풀어드렸다(생 말로에서 재를 뿌림으로써 말이다).

— 마르크 오제 감수, 『죽음과 나와 우리』, 텍스튀엘출판사, 1995

눈물은 싼 것인가, 짠 것인가?

　　　　　　　　　　　　　모든 사람들이 매우 의연한
태도를 취하는 그런 장례식에 참석해 본 적이 있는지 모르겠
군요. 부모님은 창백하긴 하지만 눈물 하나 없는 얼굴로 교
회 입구에서 '손님'들을 맞이하지요. 그 뒤 의식이 끝나면 모
두들 관을 따라 묘지로 함께 갑니다. 참, 예의를 갖춰 말할 때
는 '마지막 거처'라고 하지요. 여러분은 목에 뭔가 꽉 들어차
서 울어버리고 싶을 거예요. 하지만 희한하기도 하지, 그런 일
은 금지돼 있는 것 같은 분위기가 감도네요. 물론 '눈물 금지'
따위의 팻말이 붙어 있는 건 아니지만, 뭐랄까 그건 센스 없
는 행동인 셈이지요. 고인의 가족들이 마치 모범이라도 보이
고 있는 것 같고요. 그러면 어쩔 수 없이 눈물을 삼키거나, 미

국 영화에서처럼 선글라스 뒤에 감추는 수밖에 없죠. 그나마 여자들과 아이들이 터프한 남자들보다는 슬픔을 드러낼 권리가 더 많기는 하지만요.

물론 모든 장례식이 이런 식은 아닙니다. 어떤 경우에는 감정을 드러내도록 내버려 두지요. 그렇다고 내가 공공장소에서 히스테리 발작을 일으키라고 권유하는 건 아니에요. 단지 누구나 슬픔을 느끼고 그것을 드러낼 권리가 있다는 말입니다. 슬픔을 몸 안에 가두면 더 아프니까요.

어떤 사람들은 괴로움이 표출되는 걸 마주하기 거북해 합니다. 이런 사람들은 길을 가다가 전동휠체어에 탄 아저씨와 마주쳐도 거북해 하지요. 그들이 냉혈한이어서가 아니라, 자신이 느끼는 감정과 상대방에게 불러일으킬지도 모르는 감정을 어떻게 하면 좋을지 모르기 때문이지요.

우리 모두 어느 정도는 마찬가지입니다. 정말이지 우리 사회에서는 아름답고 젊고 건강한 쪽이 추하고 늙고 상태 안 좋은 것보다 낫다고 여겨지지요, 슬프게도……

89

갈 곳 잃은 슬픔

그렇지만 모두들 자기의 격한
감정을 숨기려 하는 게 그 사람들 잘못은 아니에요. 이런 낯
가림은 우리가 점점 대도시에서 홀로 살아가고 있다는 사실
에서 비롯됩니다. 우리가 기꺼이 '울음보를 터뜨릴' 수 있을
때는 아주 가까운 사람들 앞에서뿐이죠. 남들 앞에서는 점잖
게 처신해야 하니까요. 마흔 살이나 쉰 살 정도 먹은 사람들

은 어떨까요. 아주 먼 옛날로 거슬러 올라가지 않더라도, 예컨대 브르타뉴에서는 여전히 집에 고인을 모시고 이웃들과 같이 밤샘을 했습니다. 울고 싶으면 남들 앞이라도 울었죠. 한 아주머니가 내게 말하기를 "우리 할머니가 돌아가셨을 때 나 같은 아이들까지 모두 당신 곁에서 밤샘을 했어요. 결과적으로는 거의 좋은 추억이 되었지요. 우리는 모두 함께였고, 할머니는 평온한 표정을 짓고 계셨거든요."

오늘날에는 집에서 숨을 거두는 일이 드물고, 대개 병원에

서 죽게 됩니다. 산 사람들은 교회나 성당에서 장례식 직전에 모이지요. 그리고 요즘 추세가 그렇듯이 종교의식을 생략한다면 그냥 묘지에서 바로 모일 수도 있습니다. 다소 어색하게, 아무도 위로 한마디 건네지 않으면서요.

없어진 것은 종교 자체가 아니라, 남은 이들을 한데 모아주는 말 한마디입니다. 우리는 한데 모여 이렇게 말할 수 있는 능력을 아쉬워해야 합니다. "서로 손을 잡읍시다. 우리는 비록 괴롭지만 함께 있고 그 괴로움을 나눌 수 있습니다. 누구도 홀로 슬픔 속에서 버림받지는 않을 겁니다"라고요.

여러분이 믿는 것

여러분은 분명히 어떤 식으로든 아무도 알지 못하는 '사후세계'에 대한 그림을 그리고 있을 거예요. 종교마다 내세를 나타내는 각각의 상상적 세계가 있습니다.

성경에 기초하는 종교들 ― 유대교, 기독교, 이슬람교 ― 에서는 죽음 이후에 또 하나의 삶이 기다리고 있습니다. 기독교에 따르면 죽은 육신이 부활하기까지 하지요. 이때의 죽음은 내세로 향하는 일종의 통로이며, 어쩌면 그 덕분에 더 쉽게 죽음이 받아들여질 수도 있습니다. 고인이 천국에서 행복을 얻었다고 믿을 수 있으니까요. 그는 죽어 없어진 것이 아니라 단지 다른 곳에, 우리가 볼 수 없는 어딘가에 있는 것뿐입니다.

반면에 불교 신자들은 궁극적인 해탈에 이르기까지 다른 육체로 윤회 환생을 계속한다고 믿습니다. 죽은 사람은 새로운 몸으로 옮겨가 새로운 삶을 살게 되는 것이지요.

하지만 점점 더 많은 사람들이 이 종교 혹은 저 종교의 가르침을 따르기보다는 자신만의 고유한 신념을 가집니다. 여러분이 죽음 이후에 어떤 식으로든 삶이 계속될 거라고 생각하면서도 딱히 지옥과 천국을 믿지는 않을 수도 있거든요.

또 죽음 이후에 아무것도 없다고 보는 사람들도 있습니다. 삶이 끝나면 그게 다인 거죠. 이 경우에는 죽음이 최종적이라서 언젠가 고인과 다시 만날 수 있을 거라는 위안도 없기 때문에 상실의 아픔이 더욱 클 수 있습니다. 하지만 이렇게 생각한다고 해도, 사랑을 받았던 고인이 최소한 여러분의 기억 속에서는 계속 살아갈 거라고 믿을 수 있어요. 그가 누군

가의 마음속에 존재하는 한, 완전히 없어진 것은 아니니까요. 너무 괴로워서 어찌할 수가 없을 때는, 망자가 가볍게 흔들리며 하늘로 올라가는 불꽃이라고 상상해 보세요. 어쩌면 여러분의 마음도 훨씬 가벼워질지 모릅니다.

> 우리를 가장 소름끼치게 하는 아픔은
> 우리와 무관하다. 우리들이 살아 있을 때는 죽음이 존재하지 않
> 고, 죽음이 있을 때는 우리들이 존재하지 않기 때문이다.
>
> —에피쿠로스

고장 표지판

여러분은 가까운 사람을 얼마 전에 잃었습니다. 그렇지만 곧 평소의 활동들로 돌아가겠지요. 이때 여러분이 겪을 어려움 중 하나는, 자신이 상을 당했다고 주위에 알릴 수 있는 신호가 마땅히 없다는 점입니다. 물론 가족이야 알고 있고, 친구들도 마찬가지겠지요. 하지만 그다지 가까이 지내지 않던 사람들도 많이 만나게 됩니다. 빵

집 주인이라거나 다른 반 학생들, 작년에 수업을 들었던 선생님, 농구부나 댄스부 부원들 등등. "조심해 주세요, 제가 요즘 예민해요, 무슨 일이 좀 생겼거든요." 이런 말을 입에 달고 살 수는 없는 노릇이죠.

결론적으로 말해, 여러분은 느닷없이 좋은 의도로 이렇게 묻는 사람과 마주칠 수 있습니다. "참, 어머니는 어떻게 지내

시니? 뵌 지 보름은 된 것 같구나"라거나 "네 사촌동생은 왜 이렇게 연습에 안 나와?" 같은 질문. 그럼 대략 난감해지는 거죠. 그 사람은 몸 둘 바를 몰라 할 거고, 여러분도 몹시 어색해질 거예요.

몇십 년 전에는 누군가 죽었을 때, 상중이라는 뜻으로 가족들이 검은색 옷을 입고 아이들은 검정 완장을 찼습니다. 누군가 슬픈 일을 당했다는 것을 알리는 공통의 언어가 있었던 거지요. 지금은 수많은 사람들이 단지 멋지다는 이유로 검은색 옷을 입곤 하는데 말이에요!

몇몇 사람들에게는 먼저 얘기를 꺼내서 아예 곤란한 상황을 피할 수도 있을 거예요. 하지만 오히려 이처럼 아무도 속사정을 모르는 상황이 일상의 흐름을 되찾는 데 도움이 되고, 보다 수월하게 슬픔을 견디게 해줄 수도 있습니다.

저기요, 아저씨…

얼마간 결석하다가 결국 여러분은 학교로 돌아옵니다. 학교에는 친구들, 그리고 그중에서도 유난히 절친한 녀석들이 있지요. 그들이 여러분을 안됐다고 생각할지, 아니면 어색해서 아무 일도 없었던 척할지를 알게 될 때까지 걱정스럽게 기다리고 있지는 마세요. 대신 먼저 말을 걸어요! 그러면 친구들이 여러분을 더 편하게 대할 수 있을 겁니다. 자기들이 여러분에게 애정이 있다는 걸 더 쉽게 보여주겠죠.

선생님들도 있습니다. 그중에서 여러분이 무척 좋아하고 또 여러분을 아껴주는 분들도 있을 것이고요. 친구들 사이에서 외롭다고 느끼면, 여러분이 처한 상황에 대해 그분들과 이야기하고 싶을 수도 있겠지요. 가족상을 당했을 경우에는 대개 담임선생님이 그분들에게 알려놓았을 겁니다. 그 선생님들은 분명 진정한 호의를 갖고 여러분의 이야기를 들어줄 거예요. 이건 성적의 문제가 아니라 신뢰관계의 문제니까요. 영어 성적이 엉망이라고 해도 영어선생님이 '짱 좋으면' 그분에게 속마음을 털어놓을 수도 있는 거예요. 주의할 점은, 선생님들이 이야기를 듣고 조언을 해줄 수는 있지만 그렇다고 해서 의사나 심리 전문가는 아니라는 겁니다. 그분들은 이런 상황에 대처하는 법을 배운 적이 없어요! 선생님들이 가지고 있는 수단은 공감하는 마음과 올바른 상식이지요. 대신, 여러

분이 필요로 한다면 물론 다른 대화 상대를 찾아줄 수 있을 겁니다. 예컨대 사회복지사나 교내 상담치료사 말이에요.

자동차 사고로 아버지를 잃은 열두 살짜리 소년이 학년 초에 미술선생님에게 다음과 같은 질문을 던졌습니다. "선생님이 보시기에 제가 누구랑 얘기를 해볼 수 있을까요? 아버지가 돌아가셨는데, 정말로 대화를 나누던 분은 아버지밖에 없었거든요. 물론 이웃집 아저씨도 있고, 좋아하는 분이긴 하지만, 그 아저씨와의 관계를 갑자기 바꿀 수도 없고……."

대화가 필요하다는 이야기를 꺼낸 것만으로도 이미 훌륭한 일이에요! 주위에 도움을 청할 사람이 정히 없을 경우에는, 도움을 주는 일이 직업인 사람을 찾아가 보세요. 뭐 정신과 의사를 보러 간다고 해서 미친 게 아니니까요. 오히려 그 반대죠!

여러분은 혼자가 아니에요

사실 가장 어려운 일은 누군가가 도와주려 한다는 점을 스스로 인정하는 거예요. 여러분

101

에게 도움을 주려고 기다리는 사람들이 있습니다. 예컨대 도움이 될 것 같으면 평소 정기적으로 보던 의사를 찾아가도 돼요. 여드름이나 감기를 진찰해주는 것만이 그의 역할은 아닙니다. 마음의 상처도 다룰 수 있지요. 원한다면 혼자 몰래 전화로 약속을 잡으세요. 의사는 직업상의 비밀을 지키도록 되어 있으니 걱정 말고요.(참고로 간호사와 학교 상담선생님도 마찬가지랍니다.) 그 말은 즉 여러분에게 들은 내용을 부모님에게 알리지 않을 거라는 거지요. 적어도 여러분의 동의 없이는요.

아니면 거꾸로, 가족에게 하고 싶은데 혼자서 할 엄두가 안 나는 말을 전달해주는 역할을 의사가 해줄 수도 있습니다. 또한 여러분이 조금 괴로운지, 아니면 아주 괴로운지 판단하고, 적절한 약을 처방해 줄 수도 있어요. 그러니까 "정말로 괜찮지 않다"거나 "머리가 제대로 굴러가지 않는다"고 느끼고, 내일 준비물을 싸는 것 같은 가장 기본적인 행동조차 많은 장애를 겪는다면, 의사에게 이야기하세요. 흔히 사람들은 청소년이 우울증에 걸린다고는 잘 생각하지 못한답니다. 부모님도 "아이가 요즘 힘들어 해요"라거나 "불안한 때를 겪고 있어요" 같은 식으로 이야기하지요. 하지만 여러분이 어떤 기분인지 아는 사람은 여러분 자신뿐이에요. 좋은 의미에서, 스스로에게 귀 기울이세요!

인간은 누구나 유일하다

우리가 사랑하는 누군가가 죽으면 왜 그토록 괴로운 것일까요? 동물과 달리 인간에게 죽음은 감정을 넘어서는 어떤 의미를 지닙니다. 어떤 종(種)의 경우에는 죽음을 거의 인식하지 못하는 것처럼 보이기도 해요! 예컨대 개미는 죽은 동료 개미를 밟지 않기 위해 돌아서 가는 데 만족하고 자기 일을 열심히 계속해요. 반면 엄마 침팬지는 자기 아기가 원래의 모습을 하고 있는 한 시체로부터 떨어지지 못합니다. 하지만 시체가 부패하면서 변형되기 시작하면 낯설다고 느끼고 결국 포기하지요.

반면 인간은 각각의 인간이 고유하며, 따라서 다른 것으로 대신할 수 없음을 알고 있지요. 우리는 죽음이 특정한 하나의 사건을 넘어, 공동체를 구성하는 모두에게 해당되는 삶의 일부라는 것을 이해했습니다. 인류가 선사시대부터 죽은

이를 자연에 방치하는 대신 땅에 묻는 것은 이 때문이죠. 인류는 또한 고인에 대한 애정과 사회 내에서 그가 지니고 있던 위치를 표현하는, 의식(儀式)으로 된 일종의 언어를 만들어냈지요. 시신을 보석으로 꾸미고, 꽃으로 두르고, 특정한 장소에 가져다 놓는 것 같은 행동들이 그렇지요. 인간은 고인에게 산 사람의 옆자리를 내주고, 그의 흔적과 기억을 간직합니다.

도대체 죽음이 왜 있는 거죠?

삶이 그냥 영원하다면 더 낫지 않을까 하는 의문을 던져본 적이 있나요? 그럼 더 이상 슬픔에 괴로워할 일이 없을 텐데 말이죠! 여기서 잠깐, 이런 기적이 토끼들에게 일어났다고 한번 가정해 봅시다. 갑자기 더 이상 늙어 죽지를 않는 거예요! 원래대로 엄청난 속도로 번식을 하는데, 이제는 단지 젊은 토끼가 늙은 토끼를 대신하는 게 아니고 무리에 계속 추가되기만 하는 거죠. 수효가 불어나서 들판과 정원을 뒤덮고, 급기야는 침대 밑에서 전등의 전선을 갉아먹는 녀석들도 발견되겠죠. 바야흐로 이건 침공입니다!

인간을 토끼와 똑같이 취급하는 건 아니지만, 어느 정도 비슷한 일이 일어나지 않겠어요? 누구도 더 이상 죽지 않는다면, 곧 지구상에 인간이 너무나 많아져서 감당이 안 되겠지요. 우리가 지구의 공동재산인 생태계를 워낙 서툴게 관리해서 안 그래도 균형이 위태로운데, 그렇게 된다면 완전히 엉망이 돼버릴 겁니다. 화성이나 달, 아무튼 어디가 됐든 다른 곳에 식민지를 개척해야 할지도 몰라요! 더 이상 죽지는 않겠지만, 인류 전체가 기아, 물 부족, 전쟁 등의 위협에 시달리겠지요. 다시 말해, 모든 개인이 위험에 처할 거예요!

살아 있는 모든 것들은 죽을 운명을 타고납니다. 토끼든 인간이든 어떠한 개체를 막론하고 짧건 길건 일정한 수명을 누린 뒤에는 죽게 되지요. 개체뿐만 아니라 종의 경우에도 마찬가지입니다. 예를 들어 공룡을 생각해 보세요. 지금은 SF 영화에서나 명맥을 유지하고 있지만, 공룡들은 지구에 우리가 소박하게 등장하기 전 굉장히 긴 시간을 살아오다가, 6500만 년 전에 기후 변화로 완전히 증발해 버렸습니다. 이게 다가 아니에요! 지구 또한 언젠가는 죽는답니다. 워낙 오랜 시간 뒤의 일이라 아무도 상상할 수 없기 때문에 우리 관심사 중

에서 하위권에 속하는 일이긴 해요. 그렇지만 하늘에 떠 있
는 태양이 에너지 고갈로 빛을 잃는 날, 우리 조그마한 지구
는 금세 얼어붙고 말 겁니다.

4

벼랑 끝에서

크고 작은 사고

객관적으로 봤을 때, 여러분이 '내 목숨이 어찌 될까' 하고 걱정할 일은 많지 않아 보입니다. 이제는 집안에서 사고를 겪을 나이가 아니지요. 세제가 무슨 맛인지 알려고 입에 넣거나 할 일은 더 이상 없으니까요. 심장이나 혈관 계통 질환을 겪을 나이도 아직은 멀었고요. 천재지변이 일어나지 않는 한 여러분은 중·고등학교 생활과 여드름을 비롯한 이런저런 사춘기 고민을 무사히 겪고 살아남을 겁니다.

사실 여러분 나이에 가장 큰 위협은 길을 건너거나 오토바이를 타는 일입니다. **청소년들의 사망원인** 1순위가 교통사고 거든요. 숄레 병원의 소아과 의사인 이브 자케는 청소년들이 응급실에 실려오는 원인에 대해 이렇게 설명합니다. "대부분의 경우, 사고를 당한 뒤예요. 가끔은 운동을 하다 다치는 경우도 있지만 거의가 도로에서 생긴 일이에요. 잠이 덜 깬 채 걸어서, 아니면 오토바이를 타고 학교로 가다가 자동차를 못 보고 치이는 거죠." 수치를 보면 굉장합니다. 2003년에만 14세 혹은 15세의 청소년 중 2700명이 오토바이를 타다가 다치거나 사망했습니다. 다행히도 이 수치는 대부분 경상(輕傷)에 해당하지만요!

> 죽음과 죽음의 공포에 대한 지식은 인간이
> 동물적 상태에서 벗어날 때 처음으로 얻는 것 가운데 하나이다.
>
> — 장 자크 루소

한계를 시험해 보다

그렇다면 길을 건너기 전에 부모님이 알려주신 대로 왼쪽, 오른쪽, 다시 왼쪽을 쳐다보기만 하면 여러분은 더 이상 어떤 위험에도 처할 리 없겠네요. 아니면, 최소한 그렇게 생각해 볼 수는 있겠지요. 하지만 그게 그리 단순하지가 않답니다. 위험은 외부에서뿐만 아니라 여러분 자신으로부터도 생기니까요. 가끔씩은 바로 여러분 스스로가 왼쪽, 오른쪽, 다시 왼쪽 쳐다보기를 고집스레 거부해요! 도대체 왜 그러나요? 아마도 가장 큰 이유 중 하나는 스릴을 느끼기 위해서겠지만.

뭔가 금기를 깨보고 싶은 도전의식 때문이겠죠. 어렸을 때처럼 누군가가 이거 해라 저건 하지 마라 일러주는 상황은 이제 벗어나고 싶으니까요! 스스로 한계를 알아내고 경험해 보고 싶은 거지요. 당연한 일입니다. 어린이에서 어른으로 넘어가려면 자율성을 익혀야 해요. 자기 자신만의 규칙을 만들어내기 위해 몸을 좀 던져보기도 하고요. 다만 너무 크게 다치지는 말아야겠죠.

자유의 적정량

어떤 부모들은 아이에게 무조건 오냐오냐하기만 하면 그 아이가 자신들을 사랑해 줄 거라고 생각합니다. 하지만 부모님이 이끌어주지 않는다면 아이는 갈피를 못 잡을 거고, 부모님이 그어주지 않는 선을 직접 나서서 찾아야만 하지요. 오늘밤에 놀다 온다고 부모님께 말씀드려 보세요. 부모님이 "하고 싶은 대로 하렴"이라고 대답하면 물론 친구들을 만나러 갈 수야 있겠지만, 그게 원하던 대답인가요? "하고 싶은 대로 하라"는 말이 혹시 "네가 무얼 하건 나는 관심 없다"는 뜻은 아닌가요? 가끔씩은 말을 과장되게 해서 부모님을 도발해 보기도 합니다. 얼마나 큰 사고를 쳐야 마침내 텔레비전에서 눈을 돌려 여러분을 쳐다볼지 알아보려고 말이죠.

여러분은 무관심도 구속도 아닌, 어른들과 어느 만큼의 거리를 두는 게 알맞은지 찾고자 합니다.

반대로 뭐든지 걱정인 부모님이, 새끼손가락 하나 움직일 때마다 상세한 보고를 요구하시진 않나요? 그렇다면 부모님이 제발 자신을 신뢰해 줬으면 할 거예요. 여러분은 부모님이 상상하는 것보다 훨씬 분별 있잖아요. 여러분이 어디에 가고 언제 들어올지 궁금해 하시는 거야 당연하지만, 5분마다 대질심문을 받는 건 좀 아니죠. 그렇긴 해도 그들을 이해하려 노력은 해보세요. 부모님은 여러분을 보호해야 하는 역할을 맡고 있거든요. 그러니까 부모님이 틀렸다고만 하지 말아요. 그들은 여러분이 묘기를 부리다가 미끄러질 때를 대비해서 그네 밑에 그물을 설치해 두려는 거니까요.

위험을 무릅쓰겠다면 뭘 못 해!

여러분은 상상력에 관해서 둘째가라면 섭섭할 거예요! 과연 '어디까지 갈 수 있는지' 알아보려고, 무엇에서든 온갖 방법을 다 생각해 내지요. 파티도 그 가운데 하나일 겁니다. 친구들과 떠들며 웃고, 이성 친구를 좀 꼬셔보기도 해요. 최대한 늦게 잠드는 건 당연하고요. 부모님이 이걸 별로 호의적으로 바라보지 않는 이유는 최악의 경우를 상상하기 때문이에요. 온갖 마약이나 에이즈 같은 걸 염두에 두고 있는 거죠. 부모님은 여러분이 실제로 저녁을 어떻게 보내는지 모르기 때문에, 이는 쓸데없는 걱정일 수도 있고 정확한 판단일 수도 있어요! 위험부담을 가늠하는 건 여러분의 몫입니다. 부모님이 수상쩍다고 생각하는 그 친구들은 본드에 취해 다니는 녀석들인가요, 아니면 단지 요란한 머리를 한 채 건들대는 것일 뿐인가요?

담배를 피우기로 했다고요? 친구들을 몇 명 때려주다가, 처음으로 담배를 사러 가게에 가겠죠. 그것은 은밀히 자유를 만끽하는 행동이자 어른 기분을 내는 한 방법이긴 합니다. 처음에는 허세 좀 부린들 뭐가 해로우랴 싶을 거예요. 한 모금 빨 때마다 기침이 나와서 솔직히 별로 피우고 싶지도 않은데 중독이라니, 웃기는 소리죠! 친구들과 처음으로 맥주나 과일 맛 칵테일을 한 잔 할 때도 대충 비슷한 식입니다. 단기적으로 보면 담배도 술도 목숨을 위협하진 않아요. 그러나 파티를 좀 진하게 하면서 하나나 다른 하나를 너무 많이 하기 시작하고, 또 다른 여러 가지 방식으로 강렬한 느낌을 찾아다니다 보면 여러분은 어느새 상습범이 돼 있을 거고, 그리하여 여러분의 건강 또한 그리 안전하지만은 않을지도 모릅니다.

더 높이, 더 멀리

여러분은 활동적인 타입인가요? 그렇다면 자신의 신체능력을 시험해 볼 기회가 많을 거예요. 우리가 사는 사회에서 스포츠를 통한 자기극복은 가치 있는 일이니까요. 올림픽 종목에서 우승하는 건 좋은 일 축에 속하잖아요! 그렇지만, 특히 여러분 나이 때는 사고의 위험이 있습니다. 남자 중학생의 77%와 여자 중학생의 55%가 취미 삼아 운동을 하는데, 바로 이때가 자기 잠재력을 멋지게 발휘해 볼 수 있는 천금 같은 기회죠. 대개는 '대박'이지만, 가끔 쪽박일 때도 있어요. 친구들을 놀라게 하거나 자기 몸이 어디까지 버틸 수 있는지 보려고 위험한 행동을 하죠.

어떤 스포츠는 유난히 그런 행위에 초점이 맞춰져 있습니다. '익스트림 스포츠'라고 불리기도 하는 것들이죠. 해저 잠수, 암벽 등반 등등……. 이것들을 할 만큼 용기가 있다는 건 확실히 멋진 일이에요. 하지만 통제가 가능한 상황에서 운동에 임해야 한다는 걸 잊지 말고, 자신의 능력과 기록을 과대평가하지도 과소평가하지도 마세요.

바이크의 희열

　　　　　몸 쓰는 걸 좋아하는 편이 아
니라면, 다른 수단을 이용해서 자신의 한계를 시험해 볼 수
도 있습니다. 바로 오토바이죠. 어려운 일이 아니에요, 기초
연수만 세 시간 받으면 14세부터 면허 없이 운전할 수 있으니
까.(한국은 만 16세부터 면허를 딴 뒤에야 가능한 일이다. −옮긴이)

게다가 충분히 할 만한 일이죠. 농구장에 가려고 아빠 차를 기다릴 필요도 없고, 마음에 드는 갈색머리 여자애를 집에 바래다줄 수도 있으니까요. 하지만 여러분이 어디 항상 교통 법규에 구애를 받던가요? 급한 마음에 신호를 기다리는 차들을 추월하고, 인도에 올라타기도 합니다. 차도로 내려가는 순간, 찢어질 듯한 타이어 소리와 경적이 들려오지요! 하마터면 차 유리창에 부딪혀 납작해질 뻔했네요.

그리고 나서도 반쯤은 도전정신으로, 반쯤은 겉멋으로 헬멧을 팔에 끼고 돌아다닙니다. 헬멧은 머리를 보호하려고 있는 건데 말이죠. 몇십 년 전 여러분의 부모님이 젊었을 때쯤 브리지트 바르도는 할리데이비슨(미국의 유명 모터사이클 브랜드이자, 세르주 갱스부르가 작곡하고 브리지트 바르도가 1967년 발표했던 노래의 제목 -옮긴이)에 올라타서 "바람에 머리를 흩날리며 죽는대도 뭐가 대수겠어"라고 노래했어요. 여러분은 "나한테 그런 일이 있겠냐!" 하겠지요. 그저 동네를 돌아다니는 것뿐이라고 해도, 헬멧 없이 오토바이를 타는 건 죽음에 대한 두려움을 거부하는 행위예요. 게다가 목숨을 갖고 장난치는 일이기도 합니다. 단지 수류탄이 손에서 터지지 않으리라는 걸 증명하려고 안전핀을 뽑은 채 쥐고 있을 건가요? 보호

구 없이 맨머리로 다니는 일은 의식하건 못하건 간에 죽음과
의 장난질입니다. 비록 마음 깊숙이 그런 불운을 믿지 않고,
수호천사가 잘 지켜줄 거라 확신한다 해도 말이에요.

속도는 좋지만 다리가 피곤한 자전거는 싫다.

나는 공기와 바람이 좋다. 자유롭고, 삶의 번잡함에서

해방된 기분이다. 그럴 때면 아무 생각도 하지 않는다.

아니 정확하게 말하면 아무 생각도 하지 않는다고 생각한다.

― 와파

비관적인 생각

이렇게 위험하게 놀고 다닌다
고 해서 여러분이 꼭 불안한 질풍노도기의 청소년이라는 건
아닙니다. 자기 삶을 독립적으로 살고자 하는 욕망이 특이하
고 조금 위험한 방식으로 드러난 것뿐이죠. 그런 반면, 죽음
의 유혹에 완전히 넘어가는 경우도 생깁니다. 중학생 가운데
남학생의 17%와 여학생의 22%가 **자살**을 결심해본 경험이

있고, 고등학교로 올라가면 한층 심해지죠. 어지간히도 비관
적인 생각들을 해대는군요! 다행히도 생각을 해본다는 게 반
드시 행동으로 넘어간다는 뜻은 아닙니다. 하지만 여러분 중
일부는 상당한 불안감을 겪고 있다는 뜻이지요.

　자신을 불행하게 하는 것이 무엇인지 반드시 여러분이 의
식하고 있는 건 아닙니다. 상드린처럼요. "저로 말할 것 같으

면, 집에는 아무런 (뭐, 거의 아무런) 문제도 없어요. 아버지는 선원이고 어머니는 늘 세 아들딸들의 사소한 사춘기 고민에 귀 기울여주는, 그런 집에서 일어남직한 조그마한 일들을 제외하면요. 학교에서도 잘 지내요. 여가시간은 또래 친구들보다 오히려 많은 편이고요……. 그런데도 저는 자주 죽음이나 자살이 생각나요. 항상 진지하게는 아니지만, 그 생각이 머릿속을 떠나지를 않아요! 왜 죽음에 이끌리는지 이유를 이해해 보려 할수록 머릿속에서 모든 게 막연해지기만 해요." 상드린은 자기가 불행할 이유가 없다고 생각합니다. 하지만 그와 동시에 아버지는 늘 곁에 안 계시고, 어머니는 반대로 너무 곁에만 계신다고 설명하고 있죠. 그럼 이쪽이 원인일까요? 설사 최고의 부모님을 가졌다고 해도, 바로 그 가정환경 때문에 불행해 할 수도 있는 거예요!

때로는 괴로운 이유가 단박 눈에 띄기도 해요. 엄마 아빠가 매일 밤 여러분을 심판으로 세워놓고 서로 욕지거리를 해댄다든지, 다 끝장낼 분위기로 이혼한 부모님을 화해시킬 수 없어서 죄책감을 느낀다든지, 좋아하던 누군가가 죽었다든지……. 여자친구가 이별을 선언했다거나, '절친'에게 절교를 당했다거나……. 아니면 감지하기 어렵거나 더 오래된, 혹은

둘 다인 다른 요소가 있을 수도 있고요. 미래가 불안하다거나, 부모님이 자신을 정말로 사랑하는지 의문이 든다거나, 오래 전 혹은 얼마 전에 근친상간·성희롱·강간 등을 당했다는 걸 수치스러워서 말할 수 없다거나 말이에요.

자기파괴를 꿈꾸면서도 동시에 다 괜찮다고 애써 긍정하고 있는 것은, 아마도 남들한테 여러분 자신의 문제를 설명하기가 어렵고 또한 스스로도 그것을 구체적으로 표현하는 것이 두렵기 때문일 거예요.

폭발하는 압력솥

아, 말을 내뱉을 수가 없다, 게
다가 아무도 적절한 순간에 와서 다독여주지 않는다, 가슴을
꽉 막고 있는 눈물을 왈칵 쏟아내 버리며 속 이야기를 털어
놓지도 못한다……. 그래요. 그렇다고 해도 꼭 재앙이 일어나
는 건 아닙니다. 친구들이 여러분을 수영장이나 축구장으로
이끌고, 자기들과 같이 파티를 하자고 하고, 그러다 보면 우울

함이 눈 녹듯 사라지기도 해요. 문제가 꼭 해결된 건 아니지만, 여러분을 더 이상 집어삼키지는 못하지요.

아니면, 여러분이 폭발 직전의 압력솥처럼 반응할 수도 있습니다. 내부의 압력이 너무 높다? 수증기를 내뿜어야죠! 여러분을 괴롭게 하는 것들을 안에 전부 간직하고 있기보다는, 자기를 망가뜨리는 행동을 하게 되는 거지요. 벽에 머리를 들이받고, **가출**하고, 아무렇게나 도로를 건너고……. 이렇게 위험한 행동을 하고 몸에 상처를 입히면 가슴이 한결 후련해질 것 같은 거죠. 하지만 여러분이 정말 없애버리고 싶은 건 여러분 자신이 아니라, 머릿속에서 울려대는 온갖 소란들이에요.

> 밤이 되면 부주의하게 길을 마구 건너다녔다.
> 차에 치이고 싶었다. 차가 가까이 올 때마다
> 그러고 싶지 않은데도 왠지 모르게 우뚝 멈춰 서곤 했다.
>
> ─가엘

아주 멀리 떠나다

삶이 짐처럼 느껴질 때면, 죽음이 문제들을 싹 해결해 줄 거라고 생각할 수도 있어요. 영원한 휴식, 눈을 뜨고 있으면 봐야만 하는 악몽을 비로소 그치게 해줄 깊은 잠을 상상하면서요. 곤란한 상황에 꽉 얽매여서 빠져나올 구멍이 아예 보이질 않을 때, 백설공주와 똑같은 일이 여러분에게도 일어났으면 하고 바랍니다. 더 이상 아무 일도 생기지 않고, 잠시 죽었다가 훨씬 더 편안한 두 번째 삶을 살기 위해 백마 탄 왕자님(남자들의 경우엔 아름다운 공주님)의 품 안에서 깨어나는 거지요. 또 여러분이 죽음으로써 다른 사람들을 벌줄 수 있고, 그들이 평생 여러분을 못 잊으며 후회할 거라는 상상도 해보죠. 울면서 여러분의 관을 뒤따르는 그들의 모습이 벌써 눈에 선하네요……

하지만 백마 탄 왕자 따위는 눈을 씻고 찾아봐도 없고, 그저 여러분은 지독히 외롭습니다. 대화 상대는 사실 아주 가까이 있을 수 있는데도 말이에요. 그들은 바로 친구, 가족, 의사, 학교의 상담선생님 같은 분들이에요. 하지만 여러분이 아무엇도 보여주지 않고 아무 말도 하지 않는다면, 뭔가 잘못됐다는 사실을 그들이 꼭 알아낸다는 보장은 없습니다. 그런데도 사실 여러분이 원하는 건 바로 그것이죠. 매우 사려 깊은 누군가가 여러분의 속마음을 알아채서, 꽁꽁 걸어 잠근 마음의 문을 열어주기를 말이에요.

여러분이 몸에 상처를 내는 건 자신을 파괴하기 위해서보다는 주위에 '말을 걸기' 위해서예요. 단어로 표현할 필요 없이 여러분이 불행하다는 걸 전달하기 위해 폭력을 사용하는 거죠. 일종의 소리 없는 외침입니다.

하지만
어디로 떠나지?

"한 번은 꼭 떠나버리고 싶었어요. 여동생이 있는데, 부모님이 동생을 챙기고 애지중지하는 걸 보니까 더 이상 나한테는 관심이 없어서 나를 내팽개치는 것 같았어요. 부모님을 버리고 떠나고 싶었는데, 부모님이 내 마음을 이해하고 나를 위로해 주셨죠." 여러분 또래인 세드리크의 말입니다.

129

여러분은 괴로운 일로부터 도망치기를 꿈꿉니다. 무거운 현실로부터 멀리 떠나기를 말이죠……. 하지만 어디로 가려고요? 결국 행선지가 어디냐 하는 건 여러분 문제와 별로 상관없을지도 몰라요. 그보다 제대로 된 질문은 "어떻게 하면 뭔가로부터 영영 떠나서 그곳에 있는 그 무엇도 다시는 보지 않을 수 있을까?"겠지요.

학교가 불편하다면 수업을 습관적으로 빼먹을 수도 있고요. 중학생의 11%와 더 많은 비율의 고등학생들이, 주로 남학생들이 그렇게 합니다. 일부는 보다 과격한 방법을 쓰기도 하죠. 바로 가출! 물론 이런 식의 구조 요청을 시도하는 사람은 많지 않은 편입니다. 가출에는 위험부담이 따르거든요. 돈도 좀 구해야 하고, 밤에 혼자 모르는 동네에 있어야 할 수도 있고요. 부모님은 걱정을 하십니다.(확실히 그게 여러분의 목표이기도 하죠!) 끔찍한 상상을 이만큼씩이나 하지요. 여러분은 그저 친척이나 친구네 집에 몰래 숨어 있을 뿐인데 말이에요. 비록 여러분이 인정하지 않더라도, 부모님이 여러분을 찾으러 오기를 사실은 바라고 있을 거예요. 더 많은 애정과 관심을 주기를.

알약을 먹었다

가끔은 죽었으면 한다

그만 살기 위해

날아올랐으면 한다

숨 쉬기 위해

말하고 싶다

그만 아프기 위해……

— 프레데리크

알약을 먹다

자살 시도는 가출과 마찬가
지로 극단적인 구조 요청 방법입니다. 꽤 많은 사람들이 괴로
움을 이렇게 에둘러서 표현하지요. 아멜리는 어느 날 아침 학
교에 갔습니다. 양호실에 가서 몸이 안 좋다고 하다가 마침
내 "학교 오기 전에 알약을 이것저것 먹고 왔어요"라고 실토
했죠. 보건선생님은 119에 연락했고, 아멜리는 며칠간 입원
해 있었습니다. 아멜리는 병원에서 정신과 의사에게 어머니가

우울증에 걸렸으며 아버지는 가족을 버리고 떠났다는 등의 사실을 조금씩 털어놓았습니다. 결국에는 누군가 이야기를 들어줘서 마음이 편해졌지요.

설사 아멜리처럼 제때 주위에 알려서 피해를 최소화한다고 해도 자살 기도는 여전히 매우 엄중한 행동으로, 잘못되면 무덤으로 직행할 수도 있습니다. 청소년들이 자살에 대해 이야기할 때 흔히 하는 말은 "나는 죽어버릴 배짱도 없을 거야"

"난 비겁해서 못 죽어" 같은 것들이죠. 물론 허공에 몸을 던지거나 알약을 통째로 삼켜버리는 건 어려운 일입니다. 하지만 살아 있으면서 동시에 자신이 겪는 어려움을 해결하려 시도하는 것 역시 지혜와 노력과 끈기를 필요로 하지 않나요? 자살을 마치 용감한 일인 양 취급하는 이런 가치판단에는 여러분이 직면한 고통을 숨기려는 경향이 있지요. 진짜로 던져야 할 질문은 오히려 "무엇이 나를, 괴로움을 없애기 위해 죽어버리고 싶을 정도로 옭아매는가?"일 겁니다. 그리고 진정한 해답은 여러분 자신을 존중하면서도 더 행복하게 지낼 수 있는 방법을 찾는 데 있답니다.

어떻게 하지?

여러분은 머릿속의 비관적인 생각들이 몽땅 사라지기를 간절히 바랄 겁니다. 하지만 마법처럼 저절로 그렇게 되기를 기다려서는 안 됩니다! 마음에 난 상처도 무릎에 난 상처와 마찬가지로 치료해 줘야 합니다. 여러분이 신뢰하는 어른이나 또래 친구를 만나보는 건 어떨까요. 무엇보다 우선은 침묵을 깨는 일이 필요해요. 여러분의 말을 들으려 하지 않는 사람한테 걸렸다고 해도 낙담하지 마세요! 여러분이 삶의 어려움을 토로하려 하는데도 몇몇 겁쟁이들은 그걸 어리광으로 치부할지 모릅니다. 하지만 다행히도 모든 사람이 귀머거리는 아니에요.

의사나 간호사, 학교 상담선생님께 이야기를 해보세요. 이들은 여러분의 말을 듣고 여러분에게 어떤 대안이 있을지 함께 고민해 줄 수 있습니다. 어쩌면 정신과에 가보라고 권할 수도 있죠. 정신과 의사는 여러분과의 대화를 통해 여러분을 괴롭게 하는 원인을 뿌리부터 이해하고, 그것을 구체적인 말로 표현해 줄 거예요. 그럼 차츰차츰 괴로움을 덜어나가는 데 도움이 되겠지요. 교육심리의료센터(CMPP: 정서·언어·학습·신경·행동·발달 장애 등을 겪는 20세 이하의 아동 및 청소년에게 검사 및 치료 프로그램을 제공하는 사회의료기관으로, 프랑스 전역에 470곳이 있으며, 모든 비용은 전액 의료보험에서 공제된다. ─옮긴이) 같은 아동과 청소년 문제를 전문적으로 다루는 단체에서 **무료 상담**을 받을 수도 있습니다.

"그래봤자 무슨 소용이람!"하며 자포자기하지 마세요! 이 모든 일들이 죽은 친구를 돌려주거나 집안 분위기를 마법처

럼 밝게 해주지는 않지만, 결국 중요한 건 여러분 자신이에요. 여러분 스스로를 사랑하는 법을 익혀야 해요. 알게 될 겁니다, 자신의 괴로움을 극복하고 삶이 얼마나 살 가치가 있는 것인지 깨달을 때 우리는 더 강해지고 더 인간다워진다는 것을.

뭐건 간에 문제가 있다면 거기에 맞서 싸우면서
단단한 무언가에 기대야 한다. 그래서 나는 버팀목으로
빨간색 금붕어를 골랐지! 걔는 왜 내가 저녁에

자기 어항에다 대고 울어대는지 이해하지 못하겠지만,

어쨌든 내 마음은 든든하다구!

―상드린

산다는 게 그런 거지요

- 의사선생님, 제발 솔직하게 말씀해 주세요. 사실을 전부 말해 주세요, 알아야겠어요.

- 말하자면, 나쁜 소식입니다. 어느 검사 결과로 보나, 환자분은, 음… 그… 아주 더디게 진행되는 병에 걸리셨고, 그… 병의 주요 특징은… 그러니까… 세포의 퇴화와….

- 저기요, 분명하게 말해 주세요! 제가 암에 걸렸나요?

- 그러니까, 그건 아닙니다. 그 말씀을 드리려는 게 아니고요.

- '돌이킬 수 없다'고 하셨잖아요. 죽을병인 거죠? 그러니 암이네요, 솔직히 말해 주세요. 저… 저는 앞으로 얼마나 살 수 있을까요?

- 어디 보자, 그 말은 맞습니다. 살날이 한정돼 있으세요. 제가 봤을 때, 아주 운이 좋아도 앞으로 삼사십 년 정도 밖에 더 못 사십니다, 최대한.
- 아니, 암이 아니면 병명이 대체 뭡니까?
- 그게… '삶'이란 병입니다.
- '삶'이라고요? 선생님 말씀은 그러니까 제가….
- 네, 살아 있다는 거죠. 유감입니다.
- 아니, 제가 어디서 그따위 잡스런 것에 걸린 거예요?
- 불행히도 유전병입니다. 위로하려고 이런 말씀을 드리는 건 아닙니다만, 전세계적으로 굉장히 보편적인 병이랍니다.

피에르 데프로주,
『죽음을 기다리며 행복하게 삽시다』에서
(쇠이유 출판사, 1983)

한국 청소년의 사망원인

통계청에 따르면, 2007년 기준으로 0세~24세의 사망률은 10만 명당 37.2명이다. 이를 사망원인별로 세분해 볼 때, 10세~19세 청소년의 경우 교통사고, 자살, 암 등의 순으로 자살 사망자가 무려 2위에 이른다.(게다가 20세~29세 청년들의 경우, 자살에 따른 사망자가 가장 많았다.) 한국 전체 사망자의 원인별 순위 추이를 보면, '자살'이 1992년 10위(3533명), 1998년 7위(8569명), 2003년 5위(1만932명), 2007년 4위(1만2174명)로 급등하고 있다. 이렇게 전반적으로 자살률이 급격히 올라가고 있는 가운데 청소년 인구는 지속적인 감소 추세를 보이고 있어 심각한 사회문제가 아닐 수 없다.

가출 청소년 쉼터

국가청소년위원회가 조사한 바에 따르면, 한국 청소년은 대개 초등학생 때 첫 가출을 경험하는 것(2007년 기준으로 남자 평균 13.2세, 여자 평균 14.5세)으로 나타났다. 가출 이유는 부모간의 불화(15.9%), 부모의 폭행(15.2%) 등 가족적 요인(63.0%)이 주였으며, 심리적 요인도 15.9%였다. 집으로 돌아가기를 원하지 않는 비율은 2004년 이후 지속적으로 증가(2007년 58%)하고 있으며, 그 이유는 '돌아가도 전과 같은 문제를 다시 겪을까 걱정돼서'(53.5%)가 가장 많았다.

가출 청소년들이 도움을 받을 수 있는 곳을 찾으려면, 한국청소년쉼터협의회(http://www.jikimi.or.kr/)를 참고해 볼 만하다. 이 사이트의 '청소년쉼터 소개'란에 들어가면 '전국쉼터링크'가 있는데, 이를 클릭하면 전국 각처의 청소년쉼터를 만날 수 있다. 대부분의 청소년쉼터가 24시간 상담전화에 응하고 있다.